나는 변방목사입니다

나는 변방목사입니다

지은이 | 박정제
펴낸이 | 원성삼
책임편집 | 김지혜, 홍순원
본문 및 표지디자인 | 표소영
펴낸곳 | 예영커뮤니케이션
초판 1쇄 발행 | 2018년 11월 10일
등록일 | 1992년 3월 1일 제 2-1349호
주소 | 04018 서울시 마포구 동교로 55 2층(망원동, 남양빌딩)
전화 | (02) 766-8931
팩스 | (02) 766-8934
홈페이지 | www.jeyoung.com
ISBN 979-11-965114-1-8 (03230)

값 12,000원

이 도서의 국립중앙도서관 출판예정도서목록(CIP)은 서지정보유통지원시스템 홈페이지
(http://seoji.nl.go.kr)와 국가자료공동목록시스템(http://www.nl.go.kr/kolisnet)
에서 이용하실 수 있습니다.(CIP제어번호: CIP2018033801)

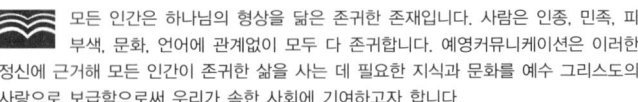

모든 인간은 하나님의 형상을 닮은 존귀한 존재입니다. 사람은 인종, 민족, 피
부색, 문화, 언어에 관계없이 모두 다 존귀합니다. 예영커뮤니케이션은 이러한
정신에 근거해 모든 인간이 존귀한 삶을 사는 데 필요한 지식과 문화를 예수 그리스도의
사랑으로 보급함으로써 우리가 속한 사회에 기여하고자 합니다.

작은 교회의 **하늘** 부흥을 외치는

나는 변방목사입니다

박정제 지음

예영커뮤니케이션

　박정제 목사님은 하나님과 동행하는 삶을 간절히 소망하며 힘쓰는 하나님의 사람이다. 박정제 목사님은 하나님과 동행하며 하나님을 기쁘시게 해 드리기를 소원하며 살아온 삶을 글로 표현했다. 목회의 첫 발을 내딛을 때 요즘 교회가 부흥하려면 지어진 성전이 있어야 한다, 개척의 멤버가 있어야 한다, 개척의 자금이 있고 후원을 받을 데가 있어야 한다는 합리적인 조언들을 들었으나 목사님 속에서 불끈하며 올라오는 것이 있었다.

　"내가 믿는 하나님은 무에서 유를 창조하신 하나님인데 다 준비된 곳에서 하나님이 하실 일이 있으실까? 처음 공동 목회로 개척을 시작하면서 부모님의 유산으로 받은 집을 다 감리교 재단에 헌납하고 빈털터리로 목회를 시작한 나로서는 도저히 용납이 되지 않는다. 목회는 주님이 하시는 일을 보는 것이며 주님의 부름에 순종하는 것 아닌가? 귀한 사랑으로 들려

주신 그 모든 조언이기에 모두 소중하게 겸손히 받아들이지만 결코 그대로 할 수 없어서 주님을 신뢰하는 오기로 돈 없이, 멤버 없이, 성전을 짓지 않는 교회로 도전하기로 했다. 오직 하나님을 기쁘시게 하는 교회를 세우자고 방향을 정했다. 담임 목사 외에 그 어떤 명예도 거부하며 달려 가자."

보통 목회를 하면서 합리적인 생각을 더 중요하게 생각하는 데 박 목사님은 그렇게 하지 않았다. 개척 교회를 하면서 죽을 것 같이 힘든 일도 있었지만 그래도 하나님을 기쁘시게 하는 목사가 되려고 하나님을 따르는 모습을 눈물로 그려 갔다. 이 책을 읽으면 더욱 하나님을 의지해야겠다는 생각을 하게 된다. 하나님께서 실망하고 포기한 사역자들도 다시 일어설 힘을 부어 주실 것이다. 라마나욧에서 악한 사울 왕까지 성령에 사로잡히듯 성령에 사로잡히는 충만을 경험하게 될 것이다. 작은 교회의 사역에 힘든 사역자들도 하늘부흥을 경험하게 될 것이다. 이 책을 통하여 목회 환경이 점점 힘들어진다는 조국과 세계 교회에 하늘부흥의 바람이 성령으로 힘 있게 불기를 기도하면서 추천한다.

윤민영_라마나욧선교회 이사장, 천향교회 담임 목사

2005년 가을, 신우회에서 박정제 목사님을 만났으니, 그 묘한 인연이 벌써 10년이 넘었습니다. 사십 대 중반까지 죄인 중에 괴수로 살아온 늦깎이 성도에게 뜬금없는 성경말씀으로 늘 찔림을 주시더니 이제는 추천서까지 요청하시니 그 인연이 참으로 묘하지 않을 수 없습니다. 사실 저는 하늘부흥이 뭔지 모릅니다만, 그 소중한 신문지 한 장 덕분에 '넘어질지언정 아주 엎드러지지 않고' 버텨온 한 사람으로서 이 추천서를 씁니다.

아마도 박정제 목사님 주변에서 가장 세상적인 사람인 저는 박정제 목사님의 사역보다는 그 가족을 품고 기도했던 시간이 더 많았던 것 같습니다. 때로는 비슷한 연배의 가장으로서 이해할 수 없는 경우도 있었습니다. 그러나 이 책을 통해서 이제는 알겠습니다! 이분이야말로 하나님 한 분만으로 충분한 사람이라는 것을.

솔직히 저는 하나님 한 분만으로 온전히 기뻐한 적이 없습니다. 아니 그럴 수 있다고 생각해 본 적조차 없습니다. 그런데 이 책을 통하여 하나님만으로 만족해 온 삶을 실제로 대하니 이 무익한 종은 깊은 성찰의 시간으로 빠져들게 됩니다.

책을 읽으시는 분들도 박정제 목사님의 삶을 통해서 풍성한 은혜를 후히 주시고자 하는 하나님과 더욱 깊이 교제하시길 소망합니다.

덧붙여 책은 문재(文才)로만 쓰는 것이 아니라 하나님과 동행하는 거룩한 삶으로 쓰는 것임을 깨우쳤습니다.

고원종_라마나욧선교회 이사, 동부증권 대표

나는 변방목사입니다

오랜 시간 고난을 겪으면 누구든 초심을 잃기도 하고 변화를 선택하기도 합니다. 박 목사님도 사역과 신학에 있어서 어느 정도 수정하고 보완하며 하나님의 부르심에 한층 더 가까이 나가는 모습을 봅니다. 박 목사님은 하나님으로부터 받은 비전을 향해 달려가는 데 있어서 차선책이 없이 사역에 전부를 거셨지요. 모든 꿈과 비전이 산산조각 난 현실 앞에서 죽음보다 더한 아픔을 겪으면서도 이겨 낼 수 있었던 것은 매일매일 말씀 묵상으로부터 힘을 얻었기 때문입니다. 주님과의 친밀한 교제를 누구에게도, 무엇에도 빼앗기지 않고 꾸준히 가져오면서 말씀을 통해 다가오시는 하나님께로부터 교정 받고 인도함을 받아온 여정이 이 책 속에 고스란히 기록되어 있습니다.

본인만 원했다면 훨씬 더 쉽게 왔을 법한 목회 여정, 안정된 여건 속에서 출발할 수 있었던 조건들, 모든 기득권을 포기하고(빌 3:7), 하나님에 의해 주도되는 하늘부흥을 꿈꾸며 걸어온 한 사역자의 진솔한 삶이 기록된 이 책을 읽으면서 어떤 부분은 그 속에서 좌충우돌하던 한 사람으로서 부끄러움도 그리고 선지자적 예리함으로 지적해 주는 교훈 앞에 고개를 숙이게 됩니다. 이 책을 읽는 많은 이들에게 하늘부흥을 간절히 바라시는 하나님의 마음이 느껴지실 것을 기대합니다.

심재영_흰돌교회 담임 목사

박정제 목사님을 처음 뵌 것은 2002년 NICE 신우회를 통해서였다. 부평의 한 교회에서 목회하시면서도 신우회 사역에 뜻을 품고 NICE 신우회를 담임해 주셨다. 2009년 목사님께서 담임하시는 교회를 사임하고 작은 교회를 섬기는 '라마나 웃선교회'를 시작하겠다고 하셨을 때 선뜻 이해가 되지 않았다. 목사님께서 그 교회를 위해 얼마나 기도하시고 정성을 다하셨는지 알고 있었고 또한 세상적으로는 이제 안정적인 생활 속에서 사역에만 집중할 수 있는 상황이었기 때문이다. 하나님을 향한 목사님의 헌신을 바라보며 존경해 왔으나 왜 사서 고생을 하려 하시는가 하고 안타까운 마음이 들었다. 그러나 이 책을 통해 하나님의 사람은 어떤 삶을 살아야 하는가를 알 수 있었으며 목사님의 선택에 대해서도 이해할 수 있었다. 세상적으로는 평범해 보이지만 하나님 보시기에는 위대한 리더를 어떻게 키워 가시는지 알 수 있었다.

이 책은 하나님의 소명을 따라 하나님과 동행하는 삶을 가감 없이 보여 주고 있다. 이 땅에서 하나님의 소명을 품고 살아가야 할 사람은 목회자들만이 아니다. 나와 같은 평신도도 마찬가지다. 목사님은 이 책에서 '당신이 있는 곳, 당신이 하는 일이 성직이다. 그곳을 변화시키라.'고 전한다. 어려운 시대, 하나님의 소명을 가지고 세상에서 살아가려고 노력하는 평신도일수록 절망과 포기의 유혹이 강하다. 이 책을 통해 우리 평신도들이 '시작하고 꿈에 이르기 위해 끝없이 도전하는 용기'를 하나님으로부터 공급받을 수 있을 것이라 확신한다.

염성필_라마나욧선교회 감사, NICE 신우회 前 회장

박정제 목사님은 NICE신용평가 신우회를 설립 초기부터 오랫동안 이끌어 주셨습니다. 사역기간 동안 목사님께서 보여 주신 열정, 들려주신 말씀, 행하신 헌신을 많은 신우회원들이 아직도 아름다운 기억으로 간직하고 있습니다. 이 책은 박정제 목사님이 신앙인과 목회자로서 오롯이 걸어오신 길을 꾸밈없이 담담하게 서술합니다. 역경과 난관에도 하나님만 바라보며 초심과 사명감을 지켜 내는 모습이 읽는 이의 가슴 속에 잔잔하면서도 울림이 있는 감명을 줍니다.

이혁준_NICE신용평가 신우회 회장

괴테의 『파우스트』를 무척 좋아한다. 그는 다윗과 같이 인생의 종말과 연한이 어떠한지 알았고 그것을 파우스트 속에 녹여 냈기 때문이다. 그런데 이 책을 읽으며 생각이 바뀌었다. 이 책은 호렙산으로 단번에 인도한다. 하나님께서 모세와 가시나무 떨기를 사이에 두고 현현하시고 말씀하셨던 것처럼 저자의 삶 속에 직접 나타나셔서 말씀하시고 동행하시는 것을 볼 수 있기 때문이다.

주님은 저자에게 주님의 마음과 눈을 주시고 '신문지 한 장의 정신'이란 깨달음을 통하여 보여 주신 작은 교회들은 하나님의 관심 밖의 변방이 아니라 교회의 문을 닫을 때마다 눈물을 흘리셔야만 하는 주님의 심장임을 드러내신다.

저자야말로 변방의 목사가 아니라 이 시대 중 가장 주님 심장 가까이 서 있는 지도자이며 한 교회에 묶어 두실 수 없어 작은 교회를 세우는 목자로 세우셨다고 생각한다. 기대가 된다. 소망하게 만든다. 이 책은 분명 작은 교회들의 희망이 되고 부흥의 불꽃이 되며 모든 목회자들의 패러다임(paradigm)을 바꾸는 이정표가 될 것이다.

홍종학_목회사관학교 설교학 교수, 부안순복음교회 담임 목사

신문지 한 장은 쓸모없는 것입니다. 그런데 신문지가 비 오는 날에는 우산이 될 수 있고 뜨거운 햇볕이 비추는 날에는 파라솔도 될 수 있고 집 없는 노숙인에게는 한 장의 담요도 될 수 있으며 고물 장사들에게는 수입을 주기 때문에 반가운 손님이 되기도 합니다.

작은 개척 교회 목회자들은 헌 신문지 한 장 같이 존경받지 못하는 분들입니다. 아무에게도 인정받지 못하고 누구도 돌아보지 않는 목사님들입니다. 라마나옷 선교사역은 그런 분들에게 '신문지 한 장'처럼 작은 도움이 되기 위하여 시작하였습

니다. 사람들은 알아주지 않아도 하나님은 그 일을 가장 기뻐하시리라 믿습니다. 예수님 마음이 아니면 결코 할 수 없는 일입니다.

1938년 제27회 총회를 평양 서문 밖 교회에서 모일 때, 일본 신사에 참배를 '가' 하면 '예' 하시오. 총회장이 '부'를 묻지 않았습니다. 그때 한부선 선교사님이 '아니오' 하고 퇴장하였습니다. 일본 형사들이 총회장을 점령, 아무도 '부'를 못하게 하였습니다. 역사가들은 그 '아니오'가 한국 교회를 살게 만들었다고 증거 합니다.

이 책을 통하여 아직도 한국 교회가 살아 있음을 보여 주리라. 말이 필요 없고 삶으로 예수님을 보여 주는 책입니다. 이 책의 출판을 마음 깊이 축하드리며 개척 교회를 섬기는 모든 분들에게 새로운 도전을 줄 것입니다. 이 책이 한국 교회에 생명력과 새로운 희망이 되리라 믿습니다. 감사합니다.

김재술_인천새교회 담임 목사

라마나욧선교회를 창립하고 8년 동안 작은 교회를 섬기며 놀랄 만한 사역을 이룬 박정제 목사님이 책을 내어놓은 것을 기쁘게 생각한다. 자신의 이야기를 한다는 것은 쉽지 않다. 두려움 때문에 망설였을지도 모른다. 그러나 다윗의 손에 들린 다섯 개의 물맷돌은 골리앗을 넘어뜨리기에 충분하였다.

성령에 사로잡힌 사람은 사랑하는 사람에게 고백하고 나누고 싶은 이야기가 있다. 이 이야기가 한 소절, 한 소절 노래가 되어 행복한 마음으로 가득하다. 책장을 넘길 때마다 저자가 경험한 하나님의 은혜와 고백은 감출 수 없는 기쁨으로 가득하다. 하나님의 손에 붙들려 쓰임 받기까지 최선을 다해 한 발자국, 한 발자국 나아가는 모습을 볼 수 있다. 군복무시절 이병으로서 교회를 세웠던 것이며, 친구들과 뜻을 함께하여 개척 교회를 시도한 일, 큰 교회를 뒤로하고 라마나욧 사역을 시작한 일이 그것이다.

기도하면서 하나님의 음성에 귀 기울이며 살아간다고 고백하지만 실천적으로 살아가는 사람은 많지 않다. 하나님의 응답이 대수롭지가 않아서가 아니라 자신의 뜻과 부합하지 않기 때문일 것이다. 박 목사님은 세미한 하나님의 음성을 듣고 어느 한 순간도 그냥 흘려보내지 않은 열정적인 사람이다.

저자의 사역의 중심은 하나님의 말씀에 집중하며 순종하는 것이다. 작은 교회를 세우는 데 초점을 맞춘다. 저자는 작은 교회와 목회자를 향한 사랑으로 가득하다. 힘든 목회 환경이지만 역경을 극복하고 희망을 현실로, 두려움을 용기로 이겨 내는 사역자가 자랑스럽다. 그의 자서전적 메시지는 땀과 눈물을 흘리며 사역하고 있는 많은 동역자들에게 진한 감동과 큰 도전을 준다. 저자는 진실한 마음으로 작은 교회에 자신을 드리고 있다. 순수한 마음으로 희생하며 돌봄과 관심을 갖는다. 교회부흥을 꿈꾸는 동역자 여러분, 새로운 에너지로 무장하고 싶을 때마다 펼쳐 보길 바란다.

서성민_우석대학교 군상담심리학과 교수

　박정제 목사님이 몸으로 쓴 글이다. 그동안 라마나욧선교회를 섬기면서 낮은 곳의 목회자들과 함께 하늘부흥을 체험하고자 몸부림친 기록이다. 진정한 하늘부흥이 필요한 이 시대에 박정제 목사님이 기도하며 쓴 이 책이 많은 사람들에게 읽혀지기를 소망한다.

박성배_인천공항한우리미션벨리 대표

　'계절' 자체는 눈으로 확인할 수 없으나, 싹이 트고 꽃이 핌을 보면서 봄이 왔음을 압니다. 내리쬐는 태양, 장대같이 내리는 비는 '여름'을 나타내지요. 마찬가지로 청명한 하늘과 산을 물들이는 낙엽은 '가을'을, 세상을 하얗게 덮는 얼음의 결정체는 '겨울'을 드러내 보입니다.
　라마나욧선교회를 설립하고 현재까지 이끌고 계신 박정제 목사님의 삶이 이와 같습니다. 장맛비에 홍수 피해를 입기도, 한파에 극한 추위를 경험하기도 하지만, 그 가운데서도 생명의 씨앗이 싹을 틔우고 풍성한 열매를 맺게 됩니다. 무엇보다 박정제 목사님이 걸어온 길을 통해서 이 모든 것을 주관하고 운행하시는 살아 계신 하나님을 뵈올 수 있습니다. 성경의 말씀을 삶으로 형상화시키려 몸부림치는 자를 기뻐하시고, 부르짖음에 응답하시고, 필요를 채우시는 전능하신 하나님의 손길이 담겨 있습니다.

스스로 '변방목사'라 칭하시지만 '하늘부흥'을 소망하고 부흥을 실현하고자 헌신하는 박정제 목사님이야말로 '진짜 목사'입니다.

송수민_사단법인 땡스기브 간사

나는 변방목사입니다

"왜 책을 출판해야 하는가?"

책을 집필하기 전에 스스로에게 여러 번 던진 질문이다. 말과 글의 홍수시대에 굳이 책을 출판해야 하는 이유는 무엇인가? 오랜 고민 끝에 부인할 수 없는 한 가지 대답을 떠올렸다.

하늘부흥을 잃어버린 시대, 더 이상 개천에서는 용이 나올 수 없다고 절망하는 이 시대, 심지어 사역자와 교회마저 꿈꾸지 못하는 가슴 아픈 시대 현실을 바라보며, 희망을 찾기 어려운 작금의 시대에도 하늘부흥이 있다는 사실을 꼭 전하고 싶었다. 변방 목사의 삶에 함께하신 하나님을 소개하고 싶었다.

시들은 꽃처럼 절망하며 작음이 꿈이 아니라 아픔으로만 인식되는 사역자들과 성도들을 향해, 그리고 가나안 성도(신앙을 고백하지만 교회에는 출석하지 않는 성도)들과 젊은이들에게 변방의 치열한 삶에 임한 하늘부흥의 이야기를 공유하고 싶다. 모두가 이런 하늘부흥을 꿈꾸기를 간절히 소망하며 부족하지만 용기를 냈다.

책에는 오늘을 살아가는 우리가 품어야 할 하늘부흥의 꿈을 기록했다. 처절한 삶 속에서도 놓을 수 없었던 하나님의 꿈, 하늘부흥! 부흥을 잃어버린 시대에 부흥이 있다고, 부흥이 일어난다고 외치는 소리가 있다.

발달된 문명의 이기(利器)와 화려한 학문 지식으로 높아진 시대를 당신의 거룩한 이름 앞에 무릎 꿇게 하시는 하나님! 변방 목사가 작은 교회와 함께 하늘부흥을 꿈꾸며 시대에 저항하고 도전한 이야기를 담았다.

변방목사의 삶은 유치하고 보잘 것 없지만 그 자리에 좌정하신 하나님은 크고 놀라우신 분이셨다. 책을 통해, 변방 목사가 만난 하나님을 함께 경험할 수 있길 기대한다. 그리고 하늘부흥을 함께 꿈꾸게 되기를 기도한다.

작은 교회에 하늘부흥이 일어나는 것을 볼 때까지 난 눈을 감을 수 없다. 주여! 이 땅에 하늘부흥을 주소서.

양평 금식기도원에서
하늘부흥을 꿈꾸는 변방목사
박정제

차례

"라마나욧이 뭐예요?"

"발음하기 어려워요!"

'라마나욧'이라는 이름으로 선교회를 시작하자 부르기 어렵다며 쉬운 이름으로 하자고 모두가 반대했다. 그럼에도 '라마나욧'을 고집했다. 부르기 힘들고 생소하며, 가 본 적도 없는 곳이지만 꼭 붙들고 싶은 이름이었다.

라마나욧은 이스라엘의 사사이며 첫 번째 선지자였던 사무엘의 고향이다. 이스라엘의 왕 사울이 불순종함으로 하나님께 버림을 당하고, 그를 기름 부었던 사무엘도 사울에게 실망해 자신의 고향 라마로 돌아간다. 얼마 후, 하나님의 명령을 따라 어린 목동 다윗에게 기름을 붓고 고향에서 칩거하고 있을 때, 부흥을 사모하는 이들이 하나 둘 사무엘에게 찾아오기 시작한다. 그 수가 많아지며 그들과 함께 예측할 수 없는 부흥의 시대를 준비하게 된다.

군대도 갈 수 없을 만큼 어린 소년이었던 다윗. 그가 블레셋의 위대한 장수 골리앗을 쓰러뜨려 나라를 위기에서 구하고, 일약 스타덤에 올라 다윗은 왕의 사위가 되고 군대장이 된다. 그러나 인생사 새옹지마(塞翁之馬)라 했던가.

사울이 다윗을 경계하기 시작하고, "사울이 죽인 자는 천천이요, 다윗은 만만이로다."라는 가사가 담긴 여인들의 노래가 빌미가 되어 다윗은 영광의 자리에서 쫓겨나 도망자 신세가 된다. 그때 다윗이 사울을 피해서 간 곳이 바로 라마나욧이다.

> 다윗이 도피하여 라마로 가서 사무엘에게로 나아가서 사울이 자기에게 행한 일을 다 전하였고 다윗과 사무엘이 나욧으로 가서 살았더라(삼상 19:18).

사울은 다윗을 잡으려 라마나욧으로 사람들을 보낸다. 그러나 사울의 신하들은 성령에 감동되어 변화되고 심지어 사울조차 성령에 취해버린다. 그곳이 '라마나욧'이다. 다윗이 사울에게 쫓겨 갈 곳을 잃고 방황하는 상황에서 찾아가 영과 육을 회복했던 곳, 이처럼 시대의 다윗도 도피하고 회복해야 할 때가 있었다.

능력이 부족해서가 아니라 하나님의 때에 이르기까지 영육간 힘을 얻어야 할 필요가 있었다. 이스라엘의 영적 침체기에 라마나욧이 다윗을 품고 선지자들을 품고 다윗 시대의 영광을 드러내는 통로가 되었던 것처럼, 오늘날에도 다윗과 같은 이들을 품어 줄 라마나욧이 필요하다.

이것이 선교회 이름으로 발음도 어려운 '라마나욧'을 사용한 이유이다. 이름이 주는 의미가 중요했고 주님이 나에게 허락하신 꿈이기 때문이다. 소망하기는 라마나욧선교회를 통해 다윗과 같은 사람들이 회복되어 하늘부흥의 주역으로 일어나기를 기도한다. 하지만 이 꿈은 내가 가진 모든 것을 내려놓게 했다. 10년을 섬기며 새벽부터 저녁까지 제자를 세우기 위해 헌신했던 교회를 내려놓았다. 쉽지 않았지만 아들의 고관절 골절로 내 고집을 꺾으시는 하나님의 개입에 손을 들고 순종할 수 밖에 없었다. 그렇게 교회를 내려놓자, 기왕 내려놓을 것이라면 완전한 백지가 되자는 마음으로 섬기던 신우회 사역도 다른 분께 인계했다. 섬기던 교회와 직장 신우회 사역을 내려놓고 나부터 작아지기 시작했다.

안식년에는 서울역 노숙인을 섬기며 '신문지 한 장'이라는 라마나욧선교회의 정신을 가지게 하셨다. 이 모두를 계획하시고 진행하심이 하나님의 작품이다. '신문지 한 장'은 결코 따뜻하지 않다. 심지어 추운 겨울날에는 아무런 힘도 되지 않는다. 그러나 신문지 한 장은 노숙인이 얼어 죽지 않고 내일을 살 수 있게 만드는 중요한 역할을 한다.

라마나욧선교회는 힘겨운 작은 교회에 큰 힘을 주는 선교회는 아니다. 다만 하늘부흥이 일어나기까지 신문지 한 장이 되어 힘겨운 자리에 함께함으로써 세상과 영혼을 향한 그들의 마음이 죽지 않도록 작은 교회와 함께하는 곳이다. 진정한 부흥과 힘은 하나님으로부터 비롯될 것이다.

2010년, 라마나욧선교회는 작은 교회에 신문지 한 장이 되고자 세워졌고, 꿈을 품고 지난 8년을 순종하며 달려왔다. 지나온 시간을 돌아보니, 라마나욧은 하나님이 만드셨음을 깨닫는다. 주님은 작은 교회를 바라보시며 심각하게 아파하고 계신다. 작은 교회도 당신의 몸이기 때문이다.

부모의 마음과 형제의 마음은 하늘과 땅처럼 다르다. 고통으로 신음하는 가족이 안쓰럽지만 때로는 부담스럽고 차라리 눈앞에서 사라졌으면 하고 생각할 수 있는 건 형제의 마음이다. 하지만 부모의 마음은 다르다. 자식을 포기할 수 없어 연약한 자식을 더 걱정하고 사랑한다. 마치 예루살렘의 사람들에게 세리와 창녀는 사라지기를 바랐던 대상이지만 주님에게는 사랑과 구원의 대상이었듯 말이다.

어느 날, 주님이 보여 주신 환상을 통해 무너진 작은 교회가 일어나 하늘부흥으로 이 땅을 새롭게 하는 날을 꿈꾸게 되었다.

환상 속 주님은 상황이 어려워 문을 닫으려는 작은 교회의 문을 붙잡으시며 "왜 내 교회의 문을 닫아야 하느냐?"고 외치셨다. 그 외침이 나를 이곳으로 인도했다. 하지만, 나로서는 아무리 생각해도 불가능한 일이었다. 답이 보이지 않았다. 그리고 여전히, 답은 보이지 않는다. '조선인의 마음이 보이지 않습니다.'라고 고백한 언더우드 선교사의 마음을 어느

나는 변방목사입니다

정도 이해할 수 있을 것 같다.

지난 8년 동안 건강한 목회자를 세우는 일에 집중하며 목회자 세움 프로세스를 만들기 위해 힘써왔다. 이 일을 위해 목회사관학교를 열었고 목회자 전용 도서관을 만들어 진짜 목사를 세워가고 있다. 목회사관학교는 1기와 2기, 3기생이 졸업하고 5기생을 선발했다.

라마나욧 사역의 유일한 목적은 작은 교회와 함께하는 것이며, 진짜 목사를 세우는 것이다. 그렇게 라마나욧은 오늘도 꿈을 꾼다. 세상의 조롱거리로 전락한 교회가 그분의 일하심을 통해 이 땅의 희망이라는 본래의 모습을 회복하기를 말이다.

나에게는 능력이 없다. 다만 주님의 마음으로 꿈꿀 뿐이다. 지금까지 아무것도 모른 채 무작정 도전했다. 그리고 주님이 이루셨다. 앞으로도 그렇게 되기를 꿈꾼다.

사람으로는 할 수 없지만 하나님은 하실 수 있음을 믿기에 처음 백지에서 시작했던 것처럼 오늘도 백지처럼 작은 교회를 일으켜 세우는 도우미로 설 뿐이다. 오직 하나님으로부터 시작된 놀라운 부흥을 통해 죄악으로 물들어 가는 세상을

치료하고 구원하는 거룩한 능력의 교회로 변화하길 간절히
꿈꾼다.

사무엘이 꾸었고 라마나욧선교회가 꾸는 꿈이다.

나는 변방목사입니다

라마나욧선교회 사명 선언문

우리는 작은 교회의 아픔을 향한 하나님의 마음에 순종하여 작은 교회가 하늘부흥을 이룰 때까지 신문지 한 장의 정신으로 함께하며 교회와 사역자를 세우는 일에 헌신함으로 주님 다시 오실 길을 준비한다.

교회여, 세상의 라마나옷이 돼라.
신문지 한 장 정신으로 하늘부흥을 위해
포기하지 말고 도전하라.

CHAPTER 01

오늘 그 자리,
소중한 뜻이 담긴 자리다

인생길을 걸으며 내가 왜 여기에 있어야 하는지 도대체 이해할 수 없을 때가 종종 있었다. 이런 나의 질문에 하나님이 아무런 대답도 하지 않으셨다. 첫 번째 사역의 자리가 그랬다.

신학대학 2학년 여름 방학, 남들은 시원한 바다와 산으로 향할 때 나는 머리를 깎고 성경과 씨름을 하며 지냈다. 그러던 어느 날, 책을 사러 서점에 갔다가 서점 주인인 장로님께 교육전도사 제안을 받았다. 그 당시 사역을 한 경험이 없었고 공부에 집중하던 때라 생각해 보겠다는 말을 남기고 서점을 나왔다. 그러나 시간이 지날수록 교육전도사로 오라는 소리가 내 마음을 끌어당기기 시작했다.

하나님이 부르시는 '콜링(Calling)'일까? 하지만 생각조차 못해 본 사역이기에 지금은 공부하며 준비하는 시간이라고 다짐하며 하나님의 '콜링'을 밀어 냈다. 그러나 밀어 낼수록 그 자리가 나를 끌어당겼다. 한 달 정도 고민하다가 교육전도사로 가겠다고 장로님께 말씀드렸는데 장로님의 대답에 당황했다.

"교회에서 사례비를 줄 수 없다고 말해 취소했네."

'이렇게 마음을 흔들어 놓고 이제 와서 취소를 하다니, 교회는 사례비도 줄 수 없는데 왜 전도사를 구한다고 한 거야. 하나님은 이런 상황도 모르시면서 왜 이런 마음을 주신 걸까.'

속으로 불평이 한가득 올라왔다. 지금은 공부할 때가 맞다는 생각을 하며 돌아서는데 마음속에는 교육전도사로 가야 한다는 생각이 그치지 않는다.

'부모님이 도움을 주시니까 사례비를 받지 못해도 사역을 하자.'

　　　　　나는 변방목사입니다

'아니야, 그렇게 계산도 없이 신청하고 취소하는 교회는 가면 안돼!'

머리로는 사역을 하고 싶지 않은데, 마음속에서 그치지 않는 소리가 나를 몰아갔다.

'사례비를 받으려고 신학을 하니? 사례비를 줄 수 없는 교회가 네가 필요한 교회가 아니냐! 그 교회로 널 보내려고 방학동안 준비케 하였다.'

마음의 소리에 이끌려 다시 서점으로 달려갔다. 교육 전도사로 봉사하겠다고 장로님께 말씀드리고, 교회 연락처를 받아 전화를 드리고 찾아 뵈었다. 당시 아동부 교사로 봉사하던 곳이 세계 최대의 교회였는데 하나님은 나를 사례비조차 줄 수 없는 곳으로 인도하셨다.

"사례비는 필요 없으니 섬길 수 있게 해 주세요."

찾아간 교회는 성전을 지으며 많은 고충을 겪었다고 했다. 여기저기 심각한 상처가 목사님 가정과 성도들의 삶에, 그리고 주변 사람들에게까지 번져 있었다. 교육전도사 경험이 없었지만, 하나님의 콜링을 믿었기에 마침 공부하고 있던 성경을 가르치며 모임을 시작했다. 첫 모임 시간. 긴장과 기대로 학생들을 기다렸으나 목사님 아들과 딸뿐이다. 하지만 실망이 되지 않고 오히려 열정이 생겼다.

아무것도 모르는 나는 좌충우돌하는데 신기하게도 흩어졌던 사람들이 모이기 시작했다. 경험이 없는 나로는 감당하기 어려웠지만 친구들의 도움을 받으며 교회는 조금씩 성장해 갔다. 당시 가을에 하는 문학의 밤 행사가 교회마다 유행이었는데, 학생들이 다른 교회처럼 문학의 밤을 하고 싶다고 했다. 세부사항을 체크하고 준비를 시작했지만 예산이 없는 상태에서 여러 난관에 직면했다. 문학의 밤은 분위기가 있어야 하는데 제대로 된 조명은 살 수 없는 상황이었다. 노심초사하던 중 친구의 아이디어로 값싼 오토바이 헤드라이트를 구매해 PVC파이프에 연결했다. 비싼 조명만큼은 아니었지만 우리만의 조명을 만들었고, 만족스러웠다.

그해 가을, 학생부 경험이 많은 친구 덕에 문학의 밤을 나름 성대하게 치르면서 학생들에게 행복한 추억과 상처를 치유하고 내일을 꿈꾸게 하는 선물이 되었다. 이렇게 하나님의 은혜는 놀랍게도 초보 운전자 같은 나를 통해 절망의 상처로 가득한 교회를 치유하며 희망의 꽃을 피우도록 하셨다.

비록 보수도 없고 교회의 상황도 열악했지만, 하나님의 은혜를 경험할 수 있는 그 현장은 내게 최고의 값진 훈련장이었다. 하지만 늘 건강하시리라 생각했던 어머님께서 건강문제로 집으로 오기를 청하셔서 돌아가야만 했다. 행복한 은혜의 자리를 떠나기 싫었지만 어쩔 수 없이 후임자를 결정하고 목사님과 학생, 청년들의 양해를 구했다. 그러나 마음의 아쉬움이 남아 떠나기 전 3일을 철야하며 기도했다.

"주여, 이 교회가 부흥케 하소서. 지난날의 상처를 넘어 하늘부흥을 이루게 하소서."

하나님은 기도에 응답하셨다. 훗날, 교회는 그 지역에서 제법 영향력을 발휘하는 교회로 성장되었다. 이런 아름다운 추억과 경험은 어느 곳에서든 부흥이 일어날 수 있다는 믿음으로 담대하게 하늘부흥을 꿈꾸고 말할 수 있게 하였고, 자존감을 가지고 지금껏 섬길 수 있는 원동력이 되었다.

얼마든지 더 좋은 조건과 환경에서 훈련받으며 사역할 수도 있었다. 실제로 그런 과정으로 인도된 친구들이 가끔 부럽기도 하다. 그러나 사례도 받을 수 없는 곳으로 인도하여 변방목사로 하늘부흥을 외치게 하신 이 길에 이제는 감탄과 감사뿐이다.

한 자리 한 자리가 의미 없이 버려진 것이 아니라 소중한 하나님의 꿈을 태동하게 만드는 과정이었음을 알기 때문이다. 그 첫 경험의 자리에서 학생들에게 외친 소리가 여전히 귓가에 맴돈다.

"훗날 세례 요한처럼 광야에서 외치는 자의 소리가 있거든 그 사람이 바로 나 인줄 알거라."

당시에는 철없이 외친 소리였지만 광야에서 외치는 자의 소리, 변방 목사로 만드시기 위한 하나님의 계획이었다는 걸 이제는 안다. 잘못 끼어진 단추처럼 시작된 나의 첫 사역은 오늘을 위해 특별히 준비하신 하나님의 작품이다. 나는 당당히 말할 수 있다. 비록 우리로서는 이해할 수 없는 자리일지라도 삶의 모든 자리에는 하나님의 소중한 뜻이 담겨 있다.

이 길은 내가 원하는 삶의 자리가 아니라고 외치며 오늘을 지워버리듯 살아가는 사람들을 볼 때 안타까운 마음을 금할 수 없다. 그런 사람들에게 꼭 전하고 싶다. 제발 그 자리를 지우지 말라고, 이해가 되지 않아도 주어진 길에서 최선을 다해 살아가노라면 하나님은 그 자리를 최고의 작품을 만드는 곳으로 만드실 거라고 말이다.

인생은 인간의 계획도시가 아니라 자연처럼 변화무쌍 함 속에 하나님의 작품이 만들어지는 곳임을 이제야 나는 알게 되었다.

오늘 나에게 주어진 하루가 어떤 길이든지 놀라운 하나님의 뜻이 담겨 있음을 믿고 경건한 마음으로 맞이할 수 있게 되었다. 오늘 나에게 허락된 그 자리, 소중한 하나님의 뜻이 담긴 자리다.

오늘을 사랑하자

어제는 이미 과거 속에 묻혀 있고

미래는 아직 오지 않은 날이라네

우리가 살고 있는 날은 바로 오늘

우리가 사용할 수 있는 날은 오늘

우리가 소유할 수 있는 날은 오늘뿐

오늘을 사랑하라

오늘에 정성을 쏟아라

오늘 만나는 사람을 따뜻하게 대하라

오늘은 영원 속의 오늘

오늘처럼 중요한 날도 없다

오늘처럼 소중한 시간도 없다

오늘을 사랑하라

어제의 미련을 버려라

오지도 않는 내일을 걱정하지 말라

우리의 삶은 오늘의 연속이다

오늘이 30번 모여 한 달이 되고

오늘이 365번 모여 일 년이 되고

오늘이 3만 번 모여 일생이 된다

_토머스 칼라일

CHAPTER 02

어디서나 하늘부흥은
일어날 수 있다

가을로 접어들 무렵인 1986년 9월, 대학 졸업 후 섬기던 사역을 내려놓고 군입대를 위해 머리를 깎았다. 지금은 사라진 의정부 306보충대에서 3일간 머물다 신병교육대로 배치되는 시간. 분대장이 와서 좋은 곳으로 간다고 귓속말로 전해 준다.

기대를 가지고 입소하게 된 20사단 신병교육대. 무표정한 얼굴의 조교가 첫날밤부터 팬티만 입고 물에 들어가라 한다. 9월 중순 양평의 밤은 차가웠고 물속은 더 차가웠다. 조교가 외쳤다.

"손을 들어 귀에 붙인다. 실시."

모두 비명을 질렀다. 완전 항복, 게임 끝. 단 한 번의 물 쇼에 군기가 단단히 잡혔다. 이건 당해 본 사람만 안다. 그 이후로도 수시로 얼차려를 받았지만 가장 기억에 남는 건 첫날 밤의 물 쇼였다.

6주간의 신병교육대 훈련은 육체적으로 힘들었으나 행복한 시간이기도 했다. 신병교육대를 마치고 자대배치를 받은 곳은 81미리 박격포를 다루는 20사단 108기보대 2중대 화기소대. 배치된 자대에 비해 신병교육대의 훈련을 '행복했다.'고 표현할 수 있는 데는 이유가 있다.

81mm 박격포를 들고 산을 오르락내리락 하는 훈련을 할 때면 입에서 단내가 났다. 조금이라도 늦으면 다시 뛰어야 하고, 일찍 도착해도 기합을 받아야 하는, 무엇을 해도 보상은 없고 고통만 있는 곳이 당시 군대였다.

그중에서도 점호시간은 압박감이 가장 심했다. 당직사관의 지적이 하나만 나와도 군기가 빠졌다며 얼차려의 연속이었고 분대장과 병장의 알력으로 만든 긴장감은 신참인 나로서 감당하기 힘겨웠다. 그렇게 3개월쯤 보내고 나니 군대가 보이기 시작했다. 그러면서 한편으로 인생의 황금기를 살아야 할 청춘들이 군대라는 제한된 공간에서 시간을 죽이는 모습이 너무 안타까웠다.

새벽마다 하나님 앞에 무릎 꿇고 이들이 인생의 황금기를 의미 있게 보낼 수 있도록 나를 통로로 사용해 달라고 기도하기 시작했다. 지금 생각하면 이런 기도를 할 수 있었다는 것이 전적인 하나님의 은혜임을 알게 된다. 2개월 만에 기도 응답이 왔다. 대대 군종병이 된 것이다. 고된 훈련을 받지 않아도 되는 꿀보직이라며 모두 부러워했지만 나는 편안함에 안주하지 않고 모든 것을 바꾸기 시작했다.

기상 후 일과시간 전까지 말씀을 읽고 기도하며 하나님의 마음으로 이 사역을 감당하고자 노력했다. 야간 근무자를 위한 차 배달을 시작으로, 낮에는 따뜻한 온수나 시원한 냉차를 담아 훈련하는 장병들을 찾아 다녔다. 그리고 신병들과 상담해 고충을 해결하고, 중대 군종 병들과 함께 신우회를 조직했다.

군대에서는 그야말로 혁명적인 일들이었다. 자기 먹고 싶은 것을 먹기도 부족한 당시 군인 월급에서 신우회비를 아낌

없이 내어 섬길 수 있었다는 사실은 분명한 하나님이 이룬 하늘부흥이었다.

특히 잠을 두 시간 줄여 커피를 배달하면서 야간 근무자를 만나는 일은 최고의 간증이 있는 시간이 되었다. 이렇게 사역을 감당하자 꿀 보직이라고 외쳤던 사람들의 인식이 바뀌기 시작했고, 대대장님도 군종 사역에 든든한 지원군이 되셨다.

그러던 어느 날 새벽, 기도하는 중에 예배당을 건축하라는 뜬금없는 소리를 들었다. 5평 정도의 공간을 확보해 장병들의 쉼터이자 상담센터로 운영하려고 기도했는데 하나님은 예배당을 건축하라고 하신 것이다. 우리가 기도한 5평의 공간은 허락만 받으면 충분히 확보할 수 있었지만, 예배당 건축은 그런 허락만으로 가능한 일이 아니었다. 그래서 다시 기도했다.

"하나님! 군대에서 이등병은 아무것도 할 수 없습니다. 대대장님이나 군종 목사님을 감동시켜 주세요."

그러나 다음 날에도, 그 다음 날에도 똑같은 소리가 내게 들렸다.

나는 변방목사입니다

"예배당을 건축하라."

하나님이 군대를 잘 모르셔서 그런다며 오히려 하나님을 설득하려고 했지만, 포기하지 않으시고 동일하게 찾아오셔서 '예배당을 짓겠다.'고 말씀하셨다. 세 번이나 반복하시는 하나님의 음성 앞에 나는 손을 들고 항복했다.

주일 모든 예배를 마치고 늘 하던 대로 연병장에 원을 만들어 손을 잡고 찬양을 부르고 축복기도를 하고 각 소대로 파송하는 시간. 중요한 광고가 있다고 말을 한 후, 하나님께서 예배당을 지으시겠다고 하시니 건축을 위해 기도해 달라고 선포했다.

그리고 놀라운 일이 벌어졌다. 하사관 한 분이 다가오더니 건축헌금이라고 월급봉투를 내민다. 이등병이 하는 소리를 듣고 하사관이 월급을 봉투채로 건네다니 눈물이 핑 돌았다. 여전히 놀랍고 신기한 일이다. 하사관은 한 달을 어떻게 살았을까?

더 놀라운 일은 다음 날 대대장님이 이 소식을 듣고 나를 호출했다. 다짜고짜 물으신다.

"너 예배당을 건축한다며?"

대대의 모든 것을 관장하는 대대장님이 이등병인 내 말을 믿고 묻는다.

나는 큰 소리로 대답했다.

"아닙니다. 하나님께서 예배당을 건축하시겠답니다."

대대장님이 다시 묻는다.

"정말이야?"

"네. 정말입니다."

허락을 해야 할 사람은 대대장님인데 대대장님이 거꾸로 내게 묻고 있으니 너무 신기했다. 하나님은 이렇게 일을 하실 수 있는 분이시구나.

온몸에 전율이 돋았다. 하지만 대대장님의 질문은 시작에 불과했다. 대대장님은 한 달 후 서울 성림교회에서 위문차 방문한다고 하는데 만나보면 좋겠다고 하셨다. 길이 준비된 것이다. 대대장실을 나오는 데 눈물이 흐르며 찬양이 흘러나왔다.

위대하고 강하신 주님 우리 주 하나님

위대하고 강하신 주님 우리 주 하나님

나는 변방목사입니다

깃발을 높이 들고 흔들며 왕께 찬양해

위대하고 강하신 주님 우리 주 하나님

며칠 후, 대대장님께서 성림교회 담임 목사님과 장로님이
방문하실 테니 자료를 준비하라고 말씀하셨고, 부대에 교회
가 필요한 이유를 보고서로 만들었다. 어디서 그런 아이디어
가 나오는지 조금도 힘들지 않고 행복하기만 했다.

드디어 성림교회 담임 목사님과 장로님 그리고 안수집사
님이 부대에 도착하신 날, 세 분 앞에서 예배당이 필요한 이
유를 설명했다. 준비한 자료를 다 보여 드리고 설명을 마치
니 장로님께서 개인적으로 백만 원을 성전건축헌금으로 내
시겠다고 하셨다. 교회에서도 2백만 원을 건축하는 데 후원
하겠다고 하신다. 한 순간에 3백만 원이라는 건축헌금이 준
비된 것이다.

건축헌금이 들어오고 얼마 후, 사단 공병대가 철책 작업을
한다고 불도저와 함께 왔다. 대대장님이 호출하셔서 가 보니
예배당을 지을 터가 기가 막히게 준비되었다. 나는 아무 힘
이 없는 이등병이었지만 하나님은 때와 사람들을 정확히 준

비하시고 교회 건축을 완벽하게 진행하셨다. 100% 주님의 작품이었다.

건축은 일사천리로 진행되었다. 부대가 훈련을 떠나는 날, 대대장님은 나에게 열 명을 뽑아 훈련기간 안에 건축을 마무리하라고 명령하셨다. 집안의 막내로 자라 삽질 한 번 해 보지 않았고 건축의 건(建) 자도 몰랐지만, 걱정이 되거나 두려움이 생기지 않았다.

당장 부대 인명부를 펼쳐 마땅한 사람들을 찾으려고 했다. 그런데 인명부를 펼치기도 전, 전역을 앞둔 한 병장이 예배당 조감도를 들고 나를 찾아왔다. 그때 거의 기절할 뻔 했다.

건축기사자격증을 가지고 있는 병장은 제대 전 직접 건축을 해 보고 싶어 기도를 했었다고 말하며 예배당을 건축한다는 소식을 듣고 조감도를 그려서 찾아왔다. 하지만 그로서도 처음 해 보는 경험이기에 예산을 제대로 맞추지 못했다. 성림교회로부터 받은 300만 원의 건축헌금과 병사들이 모은 헌금을 바닥공사만으로 다 써 버렸다. 이렇게 되면 겁이 나야 하는데 전혀 겁이 나지 않았다. 오히려 주임 상사님이 찾아와 걱정스럽게 물으셨다.

나는 변방목사입니다

"박 이병, 이제 어떻게 하려고?"

휴가를 얻어 서울에 있는 교회들을 방문해 부대 교회 건축 상황을 설명했다. 하지만 일개 사병 그것도 이등병인 내 말을 아무도 믿지 않았다. 하나님을 향해 왜 한 군데도 도와주지 않느냐 외칠만도 한데 이상하게 하나님을 향해 단 한마디의 원망이 나오지 않고 교회들이 나를 믿어 주지 않은 그 사실이 매우 섭섭할 뿐이었다. 그러나 두렵지 않았다. 다시 부대에 복귀해 예배당 터에서 철야하며 기도하고 강단에서 목소리 높여 아무도 없는 그러나 앞으로 있을 영혼을 향해 설교했다.

함께 예배당을 건축하던 이들이 걱정 어린 얼굴로 나를 주목했지만 역시나 하나님은 놀라운 분이시다. 때맞춰 사람들을 보내심으로 대대장님이 정한 기한에 딱 맞춰 건축을 마칠 수 있게 하셨다. 그것도 처음 예산에 두 배가 넘는 834만 원으로. 하나님은 오묘하게 개입하시고 건축을 주관하셨다.

1987년에 일어난 사건이니 벌써 30년이 넘은 일로 당시의 모든 자료와 영수증을 가지고 다니다가 20번이 넘는 이사 속에서 이 소중한 자료의 많은 부분을 상실해서 자세히 표현할 수 없어 안타깝지만 아무 능력도 없는 이등병인 내가 어떻게 이 일을 할 수 있었겠는가.

건축기사자격증을 가진 병장이 계획한 공사 일정표에 의하면 하루도 쉬지 않아야 공사기간을 겨우 맞출 수 있었는데, 10여 일 동안 일하지 못했음에도 정확한 날짜에 공사를 마친 기적을 무엇으로 설명할 수 있을까? 역시 하나님의 작품이다.

성림교회를 초대해 입당예배를 드리는 시간, 그 기쁨과 감격을 표현할 방법이 없다. 비록 의자가 준비되지 못하고, 강단도 시멘트 바닥 그대로였지만, 하나님이 행하신 위대한 일에 감사하며 너무 행복했다. 훗날 신촌 성결교회에서 의자를 기증해 주셨고, 제대 후 첫 사례비를 받아 교회 강단에 카펫을 깔았다. 그리고 후임 군종이 종탑을 세우면서 예배당은 멋지게 완성됐다. 모두가 하나님의 작품이다.

나는 확실히 알게 되었다. 아무리 무력한 사람이라도 하나님이 함께하시면 얼마든지 위대하게 쓰임 받을 수 있으며, 아무리 불가능해 보이는 일이라도 주님이 함께하시면 가능한 일이 될 수 있음을.

나는 변방목사입니다

이런 믿음이 생기자 나는 새로운 도전을 시작했다. 점호의 악몽을 생각하며 점호 문화를 바꾸는 도전을 했다. 일주일에 하루, 점호시간을 예배로 드리는 종교점호를 기획해서 올렸다. 감사하게도 기획이 수락돼 대한민국 부대 역사상 처음으로 일주일에 한 번 금요일 종교점호를 실시했다. 그때 장병들의 행복한 표정을 떠올리면 지금도 입가에 미소가 번진다.

점호의 공포에 쌓여 있던 하급병사들에게 그 시간은 천국에 있는 것과 마찬가지였다. 도저히 불가능한 자리라 생각한 군대에서 이렇듯 놀라운 부흥이 일어났다. 그것도 아무것도 할 수 없는 이등병에 의해서 말이다.

그래서 나는 믿고 있다. 작은 꿈꾸는교회들 속에서도 하늘부흥이 일어날 것이라고. 어디서든지 하늘부흥은 일어날 수 있다.

아무리 무력한 사람이라도
하나님이 함께하시면
가장 유력한 일을 할 수 있다.

CHAPTER 03

세상을 이기려 하지 말고,
거룩함을 붙잡으라

금요일 철야예배를 마치고 새벽 1시가 조금 넘은 시간. 보통은 집에 가서 쉬든지 아니면 청년들과 근처 우동가게에서 따뜻한 면발로 배를 채우곤 했다. 하지만 그날 새벽, 시계 바늘이 1시를 가리킬 때, 나는 청년 두 명, 친구 전도사 두 명과 함께 급히 한 집사님의 누님과 동생이 있는 지방으로 차를 몰았다.

집사님은 교회의 전도왕으로 열정이 넘치는 전도자였고, 학원을 경영하고 계셨다. 겉으로만 보기에는 아무 걱정 없으신 줄 알았는데 어느 날 찾아오셔서 기도제목을 내려놓는다.

형제 중 둘이나 심각한 정신병으로 시달리고 있다며 도움을 요청했다. 집사님의 간절한 표정을 바라보면서 그 요청을 외면할 수 없어 수락은 했지만 마음은 불안했다.

누님은 몇 년째 방에서 칩거 중이고, 동생은 매우 폭력적이라 병원과 집을 오가고 있는 심각한 정신환자들이기 때문이다. 제대한 지 얼마 되지 않았을 때라 혈기가 왕성했고 군대에서 하나님의 일하심을 경험했기에 선뜻 수락했지만, 목적지에 가까워질수록 마음이 더 무거워졌다. 함께한 청년들과 친구 전도사들이 있어서 그나마 든든했다.

어둠을 뚫고 졸린 눈을 부비며 집사님 댁 앞에 당도했다. 충남 홍성의 전형적인 농촌 마을이었는데 밤이라 그랬는지, 아니면 선입견 때문인지 몰라도 마치 귀신이 나올 것만 같았다. 집사님의 누님은 여전히 방에 불을 켜고 방문을 닫은 채 문 앞에 앉아 계셨다. 그 모습이 영락없이 전설의 고향 한 장면이다. 다행히 폭력적이라는 동생은 얌전했다.

도착하자마자 긴 머리의 그림자만이 보이는 방 앞 좁은 뒷마루에서 찬송을 부르며 예배를 시작하는 데 소름이 돋았다. 생각해 보라. 불을 켠 방 안에는 머리카락이 땅에 닿은

한 여인의 그림자만 보이고, 앞에는 귀신들려 언제 터질지 모르는 시한폭탄 같은 남동생이 있다.

전도사 두 분이 남동생 옆에 앉아 만약의 사태를 대비하고 예배를 시작했다. 새벽 3시, 한적한 시골. 귀신이 나올법한 농가에서 드리는 예배는 그야말로 한여름 밤의 섬뜩한 꿈 같았다. 뜨겁게 찬양을 드리며 영적 전쟁의 서막을 열었다. 이때까지 '영적 전쟁'과 관련된 책도 읽어 본 적이 없으며, 친구의 누나가 신 내림을 받았을 때 예배하며 하나님의 은혜로 회복되었던 경험밖에 없었다.

신학대학에서는 이런 상황에서 취해야 할 행동을 가르쳐주지 않는다. 찬양하고 말씀전하고 기도하는 것 외에 달리아는 방법이 없어 새벽 3시, 시골 농가의 툇마루에서 땀을 흘리며 예배를 드렸다. 예배를 마치자마자 다음 날 사역 때문에 집사님의 누님과 동생을 자세히 살피지 못하고 바삐 서울로 돌아와야만 하는 강행군이었다.

매주 금요일, 철야예배를 마치면 그렇게 새벽을 달려 충남의 농가에서 예배를 드렸다. 어떻게 해야 할지 몰라 예배만 드렸다. 몇 번째 방문했을 때였을까? 반갑고 놀라운 소식이 들려왔다. 누님이 방에서 나와 머리도 자르고, 목욕도 하고 예배를 기다린다고. 아무것도 모르는 초짜 전도사들이 방 밖에서 드리는 예배를 통해 평생 한 여인의 삶을 휘어잡고 있던 귀신이 떠나가다니! 할렐루야!

그런데 전혀 예상치 못한 일이 우리를 기다리고 있었다. 집사님의 누님이 칩거하던 방에서 나와 긴 머리를 자르고 예배를 기다리던 금요일 밤, 그날이 제삿날이라며 예배를 한 주 쉬어야 한다고 집사님이 말씀하셨다.

겨우 한 영혼이 주님께 돌아왔는데 이런 순간에 귀신에게 제사를 드려야 한다니, 교회 전도왕에 집사 직분까지 있었지만, 신앙의 관점에서 삶을 재편하지 못한 채 오래된 관습을 답습하고 계셨다. 이런 상황에서 분명 이렇게 하면 안 되는 것을 알지만 어떻게 해야 할지 모르는 초짜 전도사였던 나는 안타까움이 마음에 가득했지만 아무것도 하지 못했다. 그렇게 한 주를 보내고 다시 금요일 철야예배를 마친 새벽 1시 다시 목적지로 향했다.

하나님께 드려져야 할 예배를 귀신을 향한 제사로 바꾼 하루가 모든 것을 바꾸어 놓았다. 나에겐 제사 때문에 예배

나는 변방목사입니다

를 드리지 못했다는 사실이 실망감으로 남아 있었고 동행한 친구들도 마찬가지였을 것이다. 하나님께 예배를 드릴 거룩한 준비가 되지 않았고, 집사님의 누님은 다시 방안으로 들어갔으며, 집사님의 동생은 제어가 되지 않을 정도로 폭력적인 모습을 보였다.

이런 상황에서 경험이 없는 나는 주님께 묻지도 않고 내 의지로만 이전처럼 예배를 시작했다. 예배를 시작하면 다시 귀신이 떠날 것이라고 단순하게 생각하고 찬양을 하는데 동생의 상태가 심상치 않다. 동요하지 않고 예배에 집중하며 찬양을 계속했다. 기도가 시작될 즈음 집사님의 동생이 자리에서 일어났다. 옆에 있던 친구 전도사들이 붙잡았지만 제어할 수가 없었다. 그가 휘두르는 주먹이 내 코를 타격했고 피가 흐르기 시작했다. 하지만 자존심 하나로 끝까지 예배를 마쳤다.

사역을 완전히 실패한 날이었다. 이날, 평생 잊지 못할 귀중한 레슨을 받았다. 거룩함이 없는 사역은 아무것도 아니라는 사실을 알게 된 것이다. 집사님, 누님이 수년 동안 머물던 방안에서 나오고, 수년간 자르지도, 씻지도 않았던 머리를 정리하고 예배를 기다리는 기적이 내 능력으로 해 낸 것인 냥 교만했다. 폭력적이어야 하는 동생이 얌전히 예배드리는 모습 앞에 교만했다.

결정적으로 집사님이 약속된 금요일 예배 시간을 귀신에게 제사했으니 어찌 영적 전쟁에서 이길 수 있었겠는가? 게다가 실망과 분노가 내 안에 가득했으니 전쟁의 결과는 정해져 있었다. 어머니가 평생에 들려주셨던 말씀이 생각났다.

> 교만은 패망의 선봉이요 거만한 마음은 넘어짐의 앞잡이니라(잠 16:18).

예배를 드리기 위한 거룩함을 유지하고 있었다면 상황을 제어할 수 있었겠지만, 거룩함을 잃어버린 채 형식과 무늬만 전도사인 모습으로 섰으니, 무슨 힘으로 귀신을 막을 수 있었으랴. 패망의 선봉이자, 넘어짐의 앞잡이가 되어 동생이 휘두른 주먹에 피를 흘릴 뿐이었다. 지금 내 코는 조금 삐뚤어져 있다. 피를 흘리고 코가 삐뚤어졌지만 값진 배움을 얻었다.

영적 전쟁은 결코 육체의 힘으로 할 수 있는 게 아니며, 거룩함의 전쟁임을 말이다. 거룩한 자만이 영적 세력을 제어할 수 있다. 스가랴서 4장 6절의 말씀이 그렇게 실감나게 다가온 날이 없었다.

> 그가 내게 대답하여 이르되 여호와께서 스룹바벨에게 하신 말씀이 이러하니라 만군의 여호와께서 말씀하시되 이는 힘으로 되지 아니하며 능력으로 되지 아니하고 오직 나의 영으로 되느니라.

신앙이 형식화될 때, 잘못된 행동을 하지 않는 상태를 거룩함으로 오해하는 상황이 발생한다. 하지만 거룩함은 잘못된 행동을 하지 않는 게 아니라 주님으로 채워지는 상태에서만 가능하다. 그때에만 주님의 뜻을 이룰 수 있다.

제사를 드렸던 집사님의 잘못된 상황이 나오는 직접적인 관련이 없었지만 그 상황을 주님으로 채우지 못하고 거룩을 놓쳐 버린 것이다.

영적 전쟁은 기술이 아니라, 오직 거룩한 자에게 임하시는 성령의 능력을 통해서만 이길 수 있다. 예수님을 주인으로 모신 자들이 그분을 신뢰함으로 얻는 거룩함에 의지하여 하나님의 살아 있는 말씀을 전하고 찬양할 때 얼마든지 귀신은 떠날 수 있다.

아무런 경험과 실력이 없어도 거룩함이 있을 때 하나님은 얼마든지 자신의 능력을 눈앞에 펼쳐 보이신다. 그러나 아무리 많은 경험을 가지고 있어도, 거룩함이 없다면 그것은 아무것도 아닌 것이다.

하나님은 이날 분명한 가르침을 주시려고 돌아가는 길에 눈길에 차가 빙글 돌아 사고까지 나게 하셨다. 인명 피해는 없었지만 오늘을 잊지 말라는 하나님의 분명한 사인이었다. 이때를 생각하면 얼굴이 화끈해진다.

다른 사람들은 학교에서 강의를 통해 체계적으로 배웠지만 어리석고 못난 나는 실전의 자리에서 피를 흘리며 배웠다. 내가 스스로를 변방목사라 부르는 이유다. 그날 이후로 오늘까지 항상 머릿속에, 가슴에 새긴다. 사역자는 어떤 경우에도 거룩함을 놓치지 않아야 한다.

CHAPTER 04

완벽한 준비보다
하나님의 뜻을 붙들라

1991년 4월 1일, 아내와 나는 "장밋빛 인생"이란 찻집에서 처음 만났다. 첫 만남 후 3일간 금식을 했고, 두 번째 만남을 가진 날, 내가 섬기던 교회로 초대하여 강단에 함께 올라가 "목사로서 화려한 것을 해 주겠다고 약속할 수 없지만 어떤 일이 있어도 당신의 손을 놓지 않겠다."며 하나님 앞에서 청혼을 했다.

두 달만에 결혼을 하고 신혼을 누릴 새도 없이 나는 개척을 준비했다. 당시의 나는 신혼의 단꿈보다 비전을 이루는 일을 더 소중히 여겼기에 아내와 충분한 상의도 없이 친구

두 명과 함께 공동 목회를 시작했다. 그렇게 결혼 두 달 만에 창립예배를 드렸다. 신학대학 2학년 때부터 9년 동안 키워온 꿈을 이루는 순간이었다. 초대교회가 베드로, 야고보, 요한의 공동 목회로 시작해서 놀라운 부흥을 이루었다. 나도 초대교회와 같은 아름다운 공동체를 꿈꾸며 9년간 품어 온 공동 목회를 시작하였다.

신실한 말씀을 전하는 기도의 사람, 다양한 재능으로 예수님 같은 섬김과 사랑을 가진 사람이 함께하면 얼마든지 가능할 것이라 생각했다. 인간의 생각으로 이보다 더 확실한 것은 없어 보였다. 9년 전과 달라진 점이 있었다면 공동 목회를 꿈꿔온 친구들이 모두 결혼을 했다는 사실이었다.

'결혼'은 전혀 생각하지 못한 변수였다. 아내로서는 공동 목회에 소극적일 수밖에 없었다. 이런 형태의 목회를 한 번도 생각해 보지 않았기 때문에 반길 수만은 없었을 것이다. 집요한 설득으로 공동 목회를 시작하기는 했지만 기쁜 마음으로 참여한 건 아니었다. 어찌 우리 가정만 그랬겠는가? 생소한 공동체를 시작한다고 했을 때 모두 아내를 설득하는 일이 쉽지 않았을 테고 사모들 입장에서는 힘겨운 시간들이었

나는 변방목사입니다

을 것이다.

1991년 8월 15일, 이런 어려움들을 묻어둔 채 경기도 부천시 도당동 강남시장 입구 인근 건물에 예배 공간을 마련했다. 지층의 30평 규모였다. 천정 공사를 하다가 한 친구가 병원에 가기도 하고, 환기가 안 되는 지하에서 유성 페인트 공사를 하다가 자칫하면 모두가 쓰러질 뻔한 위급한 일 등 다양한 스토리를 만들며 여러 지인들의 도움과 다재다능한 친구 전도사의 지휘 아래 천정부터 바닥까지 손수 공사해서 예배당을 예쁘게 꾸몄다. 대망의 창립 예배, "기독교대한감리회 복사골 교회"의 시작이었다.

창립예배 날, 부교역자로 봉사하던 교회의 담임 목사님과 성도님들이 찾아와 격려해 주셨고, 첫 섬김의 교회 목사님과 사모님도 멀리까지 찾아오셔서 축사를 해 주셨다. 지하실 예배당은 지인들로 가득 찼고 은혜 충만하게 창립예배를 드렸다. 예배를 드리던 그 시간, 흐르는 눈물을 주체할 수 없었다. 꿈을 진하게 꾼 사람은 꿈이 실현되는 순간, 진한 눈물을 흘리지 않을 수 없다.

꿈같은 창립예배를 마치고 우리들만의 예배를 드려야 하

는 시간. 감리교회 소속의 친구 전도사가 담임으로 주일 예배를 인도하기로 하고 나와 다른 전도사는 협력자로 다른 예배를 섬기기로 하였다. 그때 나는 아내에게 또 한 번의 충격적인 선언을 했다.

"공동 목회를 위해 목사 안수를 받지 않겠소."

세 사람이 모두 목사가 되면 경쟁을 할 수밖에 없을 것이라는 생각에 목사 안수를 포기했다. 아내는 힘들어했지만 공동체를 실현하는 일이 더 중요했기에 배수의 진을 치고 공동 목회에 삶을 바치기로 한 것이다.

이때 이미 공동 목회를 하면서 세 사람의 관계가 쉽지 않을 거라는 사실을 알고 있었던 것 같다. 배수의 진을 치고 시작했지만, 아무런 후원도 없는 개척 교회가 세 명의 목회자 가정을 책임질 수는 없었다. 모두 내색하지 못하고 교회를 섬겼지만 말을 하지 않았을 뿐 각자의 삶에 어려움이 깊게 배어 있었다. 가정에 아이들이 태어나면서 힘겨움이 더해지기 시작했다.

신혼의 꿈도 포기하고 시작한 공동 목회지만 당장에 아기들을 입히고 먹여야 했기에 이런 어려움을 감당해 내고자 각

나는 변방목사입니다

자 무진 애를 썼다. 담임자였던 심 전도사는 책임자로서 부담이 더 컸으리라. 당시 한 달 사례비로 15만 원을 책정했지만 실제로 지급되었던 사례비는 5만 원 정도였다. 각 가정이 헌금을 드리고 나면 남는 것이 무엇이 있었겠는가? 하루, 이틀 버티는 건 누구나 할 수 있다. 하지만 계속되는 어려움을 견디는 일은 누구에게나 쉽지 않다. 하루, 하루를 버티는 일이 고문이었을 사모님들을 생각하면 이제라도 고개 숙여 사죄드리고 싶다.

그때는 앞만 보고 달려갈 뿐, 서로를 돌봐 줄 여유도 없었고 인격도 부족했다. 아내가 현실을 불평하는 이야기를 할 때면 신앙이 부족하다며 책망을 했으니, 부족한 건 아내들이 아니라 바로 우리였다. 비슷한 시기에 결혼을 한 동기들이 생활을 어떻게 할지 구체적인 대책도 없이 공동 목회를 시작했으니, 무모한 도전 그 자체였다. 순수한 믿음이라는 말로 포장하기도 무색하다.

다른 전도사 두 분 모두 훌륭한 성품과 은사를 소유한 사람들이었지만, 우리의 만남은 재정적 어려움, 특히 고려하지 못한 생활 고충에 직면하면서 충돌했다. 서로의 은사를 보완

하지 못하고 비교되는 상황으로 번져갔다. 그럼에도 세 사람은 모두 이 과정을 자신을 다듬는 자리로 알고 버텼다.

세월이 흘러, 공동 목회를 함께했던 친구에게 그 당시의 비화를 듣게 됐다. 감리교 웨슬리 회심주일을 맞아 강단교환 예배가 있었는데 당시 담임 목사와 장로들의 대립이 심각한 한 교회에서 설교를 하게 되었다고 한다. 상황이 상황인 만큼 친구를 아끼는 장로님께서 전화해서 거기서는 설교를 잘못하면 큰 어려움 겪으니까 주의하라고 하더란다.

친구 전도사는 열왕기상 3장 16절 이하의 말씀으로 설교하면서 우리들의 이야기를 했다고 한다. 아기의 생명을 죽여서라도 자존심을 지키려한 어리석은 사람이 바로 자신이라고, 여러분에게는 아기의 생명보다 더 귀한 하나님의 영광을 맡기셨다고. 우리도 모르는 사이에 자존심 하나 지키려고 이기심으로 하나님의 영광을 난도질하고 있다며 우리들 사이에서 벌어지는 이야기를 실감나게 전한 모양이다.

설교를 마치고 강단을 내려오니 문제의 핵심에 있던 장로님이 다가오시더니 은혜 받았다고 손을 꼭 잡아 주셨다고 한다. 이렇듯 부족한 마음들이지만 잘해 보려는 몸부림은 나름 큰 영향력을 가진 하나님의 도구가 되기도 했다.

이런 몸부림이 씨앗이 되어 성도가 조금씩 모이며 희망의 싹이 보이기 시작했다. 그리운 얼굴들, 잊을 수 없는 첫 성도들이다. 구역도 조직하고 무엇인가 '내일'을 생각할 수 있는 시간들이 오는 것 같았다. 하지만 다듬어지지 않는 인격과 믿음으로 인해 고비를 넘지 못하고 결국은 공동 목회를 내려놓게 되었다.

2년이 채 안 되는 시간 우리는 한 친구가 교회를 맡기로 하고 흩어지기로 합의를 보았다. 조금만 더 참았으면 하는 아쉬움도 있지만 거기까지가 인간이 만들 수 있는 계획의 한계였다.

나는 이렇게 10년의 꿈을 내려놓고 1년간 꿈 없는 아픔을 맞이해야 할 만큼 큰 후유증을 겪었다. 왜 나만 그랬겠는가? 모두가 그 후유증으로 많이 힘들었을 것이다. 당시에는 모두가 자신만 희생양이라 생각했겠지만.

벌써 20년이 훌쩍 지난 이야기인데도 눈물이 난다. 어쩌면 다른 친구들은 이 순간을 전혀 다르게 기억할 수도 있을 것이다. 그래도 감사한 것은 이 친구들과 지금도 동역자로

서로를 위해 뜨겁게 기도하고 있다는 사실이다.

남을 전혀 배려하지 못하고 오직 꿈과 목표만 바라보던 나를 하나님은 이런 과정을 거치면서 조금씩 배려의 사람으로 만들어 가셨다. 처절한 실패의 아픔을 겪으며 아주 조금씩 배려를 배워 가고 있었다. 남들은 한 번에 배우는 것을, 듣기만 해도 배우는 것을 나는 처절한 매를 맞으며 배웠다. 때문에 그 귀중함을 누구보다 더 잘 안다.

"나는 목사 안수도 포기했어!"하면서 내미는 카드가 상대방을 얼마나 힘들게 했을까? 내 딴에는 상대를 배려한다는 것이 상대를 협박하는 것이 되었으니 지금 생각하면 아찔하다. 사실 세 사람 모두 엄청난 포기를 했다. 우리를 진심으로 아끼신 한 스승님은 이렇게 말씀하셨다.

"열 몫을 할 사람들이 왜 모여서 그러고 있는가."

모두가 열 몫을 할 수 있는 사람들이었다. 그 열 몫을 포기하고 꿈을 이루기 위해 모두는 헌신을 했다. 누구 하나 적게 일한 사람이 없이 열심이었다. 이제 와서 생각하면 결정적으로 한 가지 하지 못한 것이 있었다. 하나님의 뜻을 묻지 않은 것이다. 함께 하면서 각자의 의견과 은사가 중요했지 하나님의 뜻과 성령의 인도하심을 따르지 않았다. 그렇게 우리는 실패했고 쓰디쓴 상처를 안은 채 각자의 길로 갔다. 나는 여기서 또 하나를 배웠다.

목사의 길이란 인간의 완벽한 준비보다 하나님의 뜻이 더 중요하다. 하나님의 뜻이라면 준비가 부족해도 가야하고 하나님의 뜻이 아니라면 모든 준비와 여건이 아무리 좋아도 멈춰야 한다.

우리의 실패는 훈련되지 않은 인격과 모자란 실력, 부족한 재정 때문이 아니었다. 하나님의 뜻을 묻지도 않았고 그랬기에 굴복할 수도 없었다. 그때 함께 하나님의 뜻을 물으며 그 뜻 앞에 순종할 수 있었다면 얼마나 좋았을까? 인간의 완벽한 준비보다 더 중요한 것은 하나님의 뜻이다. 다만 인간은 그 뜻을 잘 헤아릴 수 없기에 오늘이란 자리에 항상 겸손히 하나님의 뜻을 물으며 충성하며 가는 것이다. 인간의 준비와 노력이 얼마나 크냐가 아니라 하나님의 뜻이 무엇이냐에 절대적인 관심을 가져야 한다.

인간의 완벽한 준비보다
더 중요한 것은 하나님의 뜻이다.

CHAPTER 05

가장 무익해 보이는 현실이
하나님의 능력을 담는
최고의 대학이다

1993년 4월, 10년의 꿈이 안개처럼 사라진 후 아내에게 1년만 시간을 달라고 요청했다. 나는 무엇을 다시 시작할 수 없을 만큼 후유증이 컸다. 공동 목회를 내려놓기는 했지만 생각을 내려놓을 수는 없었고, 각자의 길을 가자고 했지만, 나에겐 달려갈 길이 사라지고 없었다. 발타자르 그라시안(1601-1658)의 "꿈이 없는 사람은 아무런 생명력도 없는 인형과 같다."는 말처럼 당시 나는 그야말로 생명력 없는 인형과 같았다.

이런 내가 아내에게만은 강심장이었다.

신혼의 단꿈에 젖어야 할 시간에 공동 목회라는 듣도 보도 못한 자리에 아내를 집어넣고는 고생을 시키더니 이제는 그 꿈을 잃어버렸다고 시간을 달라고 말했으니 말이다. 이런 나를 지금까지 믿어 주고, 따라 주는 아내는 나를 닮은 변방 사모다. 그래서 그런지 이젠 아내가 정말 고맙고 예쁘다.

시간을 달라는 무모한 부탁에도 아내는 흔쾌히 수락하고 혼자서 살 길을 찾기 시작했다. 아내는 전세 보증금을 빼서 계란과 닭, 치킨을 파는 가게를 얻었다. 역곡 북부역 가까이에 있는 8평 정도의 단칸방과 가게가 붙어 있는 허름한 가게였다. 신혼의 달콤함을 누려야 할 아내는 꿈을 잃은 남편을 위해 기도하며 막내로 자라 한 번도 해 보지 못한 험한 일을 홀로 시작했다.

당시 아내는 나에게 조금의 부담도 주지 않았다. 힘들다는 표현도 하지 않은 채 그 모든 짐을 홀로 짊어졌다. 눈물이 많은 아내가 꿈을 잃은 남편에게 한 번의 재촉도 없이 기다려 주기 위해 홀로 얼마나 많은 눈물을 흘렸을까?

이때 또 한 분이 눈물을 많이 흘리셨다. 바로 장모님이시다. 딸이 고생하는 모습을 보시고 가서서는 눈을 감을 수가 없으셨단다. 이렇게 많은 사람에게 눈물을 흘리게 만든 사람이 바로 나다. 나도 감기를 달고 살았다. 수시로 약을 먹으니 하루는 약사가 아내에게 감기가 아니라 마음이 병든 것이라는 진단을 할 정도였다.

간판에는 "소망 닭집"이었지만 내 마음은 "절망 닭집"이었다. 절망의 집에서 그래도 하나님을 향한 실낱같은 희망을 붙들고 "소망 닭집"이라고 부른 것이다. 아무리 힘을 내려 해도 되지 않았다. 10년의 꿈이 안개처럼 사라지고 갈 곳도, 할 일도 없어져 버린 생명 없는 인형인 내 모습에 절망한 것이다.

꿈과 할 일이 없다는 것이 얼마나 힘겨운 것인지 나는 이때 배웠다. 역곡 남부역 벤치가 있었다. 그 벤치에 밤늦은 시간 혼자 앉아서 얼마나 울었는지 모른다. 집 바로 옆에 교회가 있었지만 기도하러 교회에 가지 않았다. 한 번도 새벽예배를 가지 않았다. 주일예배, 수요예배, 철야예배 등 공식예배만 참석할 뿐이었다. 설교도, 찬양도 귀에 들리지 않았다. 기도하고 싶지 않았다. 하나님을 향해 강하게 반발하고 있었던 시간이다.

이런 시간을 하나님은 연약하고 실패한 이들을 만지게 하는 능력을 담는 놀라운 시간으로 선용하셨다. 아내에게 일 시키고 빈둥빈둥 노는 실패자의 모습으로 살았다. 아는 사람을 만나게 될까 봐 반대편 남부역에 늦은 밤 혼자 벤치에 앉아 있었다. 역에서 내려 바삐 지나가는 사람들이 흘깃 쳐다보면 나는 신문을 쳐들고, 얼굴을 가리면서도 갈 곳이 없어 그곳에 앉아 있었다.

얼굴에 철판을 깔아서가 아니다. 갈 곳이 없어서 어쩔 수 없이 역곡 남부역에 늦은 밤 그렇게 신문을 쳐들고 벤치에 앉아 울어야 했다. 놀랍게도 그 눈물이 아픔을 가진 이들을 만질 수 있는 능력으로 담아졌으니 하나님의 위대하심에 그저 놀라울 뿐이다. 교회를 빠지지는 않았지만, 하나님을 향한 강한 불만이 내 속에 꽉 차 있어 기도하지 못하고 아내만 고생시키며 시간을 허비하고 있었지만 하나님은 그렇게 나를 준비시키고 계셨다.

하나님은 나를 포기하거나 버리지 않으셨다. 연꽃 씨를 심을 때 씨에 흠집을 내야 씨 속에 물이 들어가 발아를 한다고 하는데 하나님은 바로 내게도 이렇게 흠집을 내어 하나님의 능력을 담아 주셨다.

시간은 상처를 치료하며 나로 조금씩 다시 꿈꾸게 했다. 아내가 쉬는 시간 가게를 보면서 다시 성경을 읽으며 준비 시간을 가지기 시작했다. 이때 하나님은 은혜로 엄청난 양의 성경을 읽을 수 있게 하셨다. 보험회사에서 가져온 메모장에 은혜 받은 구절들을 일일이 기록하고, 은혜가 되는 책의 내용을 기록하면서 새로움을 향한 잉태의 순간을 가지기 시작했다. 이렇게 일어서고 나니 그제야 아내의 힘겨움이 보이기 시작했다. 하나님은 이런 저런 움직임을 통해 나를 만드시고 계셨다.

깊은 상처를 통과하며 상처 입은 자를 만질 수 있는 사람이 되어갔다. 이때 이후로 로마서 8장 28절 말씀의 '우리가 알거니와 하나님을 사랑하는 자 곧 그의 뜻대로 부르심을 입은 자들에게는 모든 것이 합력하여 선을 이루느니라.'는 분명한 신앙의 기준을 정하게 되었다. 그리고 이런 속담도 만들었다.

"하나님 나라에는 쓰레기통이 없다."

실패자로 끝나야 하는 나에게 실패자들을 만지는 사람으

로 바꾸신 하나님의 능력을 찬양한다. 내가 이 일을 경험하고 자주 부르는 찬양이 있다. '하나님 한 번도 나를 실망시킨 적 없으시고'라는 찬양이다. 하나님은 한 번도 실수하지 않으셨다. 나는 무수히 실패했지만 하나님은 한 번도 실패, 아니 실수하지 않으시며 모든 것이 합력하여 선을 만드셨다.

이때 이후로 설교를 할 기회가 생기면 한동안 "소망 닭집"을 꼭 이야기 하곤 했다. 소망닭집은 나를 만드신 하나님의 광야학교로 빈둥대던 실패자의 모습이 조금도 부끄럽지 않다. 아내는 그때가 너무 힘들어 잊고 싶다고 말하지만, 나는 역곡 남부역 노숙인의 자리와 아내를 고생시키며 빈둥대던 그 실패자의 자리를 잊을 수 없다. 그 자리가 없었다면 오늘의 나는 없을 뿐 아니라 꿈꾸는 작은 교회를 섬기는 사역을 조금도 감당할 수 없었을 것이기 때문이다.

하나님은 놀라우신 분이시다. 나 같은 무력한 사람도 변화시켜 사용하시는 능력의 하나님이시다. 무익해 보이는 자리를 선용하셔서 주님의 뜻을 이룰 수 있는 최고의 능력을 담아내시는 분이시다. 하나님은 역곡역 벤치에 앉아 울어야 하는 내 인생에서 지워버려야 할 것 같은 가장 무익해 보이는 현실을 내게 가장 위대한 능력을 담는 자리로 만드셨다. 이 글을 읽으며 혹시라도 나같이 무익해 보이는 현실로 인해 울고 계시는 분들이 계시다면 힘을 냈으면 좋겠다. 그 자리가 가장 위대한 능력이 담아지는 장소임을 믿고 조금만 더 힘을 내시길 부탁드린다.

가장 무익해 보이는 현실이
하나님의 능력을 담는 최고의 대학이다.

CHAPTER 06

당신이 하는 일과 자리가
성직(聖職)이다

젊은 세대를 향한 꿈이 있었다. 꿈을 품으면 길을 낳는 것일까? 군 생활을 통해 갖게 된 이 꿈은 신우회 활동을 통해 현실로 태어났다. 첫 신우회는 서울 남대문교회에서 모였다. 서먹한 분위기에서 시작된 신우회 사역은 강남 충무교회에서 모였던 삼성 연합 신우회로 이어졌다. 큰 감동이 있었던 순간이었다. 개척 직후라 차도 없어 부평에서 강남까지 대중교통으로 2시간이 넘는 시간을 이동하며 섬겼지만 나에겐 바꿀 수 없는 행복한 시간이었다.

나는 신우회원들에게 말씀을 전했지만 저녁시간 배고픈

신우회원들의 식사를 정성껏 준비해 섬겨 주신 아름다운 교회가 있었다. 누가 알아주는 것도 아닌데 또 부탁한 것도 아닌데 이 교회는 어떤 이름도 나타내지 않으며 천사처럼 섬김을 실천하셨다. 아니 천사들의 섬김이었다. 인간적인 냄새가 전혀 없이 한 사람이라도 더 와서 천국을 경험하도록 진심을 다해 격려하며 사랑으로 섬기는 진정한 천국의 섬김이었다. 내 가슴에 섬김의 모델로 각인된 소중한 천사교회였다.

마지막 신우회는 여의도에 있는 나이스신우회 사역이었다. 돌아보면 아쉬움뿐이지만 내겐 꿈이 있었다. 직장이 성직을 감당하는 거룩한 장소로 맡겨진 일을 통해 영혼을 섬기며 예배하는 자로 파송 받은 장소라는 사실을 인식시키고 싶었다. 각자가 선교사로 직장을 섬기도록 돕고 싶었다.

목회를 하면서 교회 안에서만 명품이 아니라 세상에서도 명품인 그리스도인을 세우는 걸 목표로 했다. 신우회 사역은 이런 꿈을 향한 특별한 의미가 담긴 사역이었다. 하지만 직장 안에서 살아가는 그리스도인의 정체성을 정확하게 제시하지 못했다. 그들의 고민을 끌어올려 세상에 빛으로 설 수 있도록 이끌지 못하고, 직장 속에 아파하는 이들을 격려하는 수준에서 머물러 버렸던 것이 못내 아쉽다. '목사 가운을 입고 강단에서 설교하는 것이 성직이 아니라 그리스도의 마음을 품고 그리스도의 이름으로 하는 모든 일이 성직이다.'라고 강단 위에서 외쳤으나 하나님이 허락하신 사역의 자리에서 그 일을 제대로 감당하지 못했다.

성도들이 실제적인 삶의 자리에서 허약한 모습으로 살아가는 모습을 보면 여전히 안타깝다. 온실 속 화초처럼 교회 안에서만 신앙생활을 하다가 대학을 졸업하고, 취업 후에 신우회 예배를 참석하던 친구들이 얼마 있지 않아 말라 죽은 화초처럼 사라져 버릴 때 얼마나 가슴이 아팠는지 모른다.

예배에 참석해 은혜받기만 갈구할 뿐 직장에 파송 받은 선교사라는 사실을 인식하지 못하고 살아남기 위해 전전긍긍하는 모습을 볼 때 너무도 안타까웠다. 나 또한 교회사역의 바쁨으로 인해 안타까운 마음만 품은 채 마음을 다해 신우회 사역에 헌신하지 못하고 또 하나의 예배 공동체로 신우회를 전락시킨 장본인이었음을 회개한다.

사사기 11장의 사사 입다의 이야기가 떠오른다. 서자 출신으로 부모와 형제 그리고 민족에게 쫓겨난 상황에서 '잡족'들만 자신에게 모여들자 '왜 내게는 이런 잡족만 오느냐'고 불평하거나 자신을 '잡족'처럼 변질시키지 않았다(삿 11:3). 그는 오히려 잡족을 변화시켜 민족을 일으켰다.

많은 그리스도인이 직장이라는 환경을 핑계 삼아 '잡족'처럼 생활하고 있다. 잡족을 변화시키라고 직장선교사로 파송하셨건만 상황을 불평하며 자신의 삶을 포기해 버린 채 잡족의 대장이 되기 위해 노력하고 있는 것이다.

회개하는 마음으로 세상 속에 파송된 그리스도인들에게 말하고 싶다. 주변의 '잡족'을 불평하지 말고 '잡족'을 변화시키는 사명을 감당하라고 말이다. 그러기 위해 하나님이 잡족을 변화시키는 선교사로 사명을 주어 파송하신 것임을 확신해야 한다.

신앙생활은 '오늘, 지금, 여기서' 하는 것이다.
'오늘, 지금, 여기'를 변화시키는
사명을 가지고 보냄을 받아
'오늘, 지금, 여기'를 살아가는 것이 신앙생활이다.

나부터 오늘, 지금, 여기서 그리스도인으로 살면서 예수님

나는 변방목사입니다

과 함께 변화를 만들고 싶다. 한 번 뿐인 인생을 가장 소중한

사명을 향해 그렇게 살고 싶다.

당신이 머물고 있는 그곳은
보냄을 받은 선교지이다. 그곳을 변화시켜라.
당신이 하는 그 일과 자리가
바로 성직이며, 성지이다.

CHAPTER 07

한 사람의 세워짐은
피 흘린 헌신을 통해서 이루어진다

1996년 5월 27일, 신학대학 졸업 후 10년 만에 목사 안수를 받았다. 안수식이 진행되는 내내 흐르는 눈물을 주체할 수 없었다. 그날따라 어린 딸 소은이도 울음을 그치지 않았다. 아무리 달래도 소용이 없었다. 어린 딸의 울음은 아빠와 엄마가 지나온 절망의 시간을 대신해 소리내 울어 준 것인지도 모른다. 나도 울고, 아내도 울고, 딸도 울고. 온 가족의 눈물이 그칠 줄 몰랐던 잊을 수 없는 날이다.

10년의 꿈이 사라진 후 실의에 빠졌지만, 하나님은 그 시간을 선용하셔서 나를 무장케 하시고 작은 교회의 부교역자로 다시 섬길 수 있는 마음을 주셨다.

희망을 품고 다시 일어섰으나 작은 교회이다 보니 사례비가 적을 수 밖에 없었다. 이 사례비만으로는 아내와 아들, 그리고 갓 태어난 딸의 생활을 책임질 수 없었다. 무능한 남편 때문에 아내는 다시 부업에 뛰어들었다. 자동차 기어 덮개를 만드는 일이었다.

온종일 일해도 돈이 되지 않아 아내는 새벽기도를 마치고 밤늦게까지 일만 했다. 끼니를 챙기는 시간 외에는 일에만 매달렸다. 덮개를 만드는 데 본드를 사용하여 방안은 본드 냄새로 가득했고, 기어덮개가 온 방안에 겹겹이 쌓여 있었다.

태어난지 얼마 되지 않은 어린 딸은 엄마 품에 안겨보지도 못하고 식탁을 개조해 만든 침대에서 홀로 뒹굴며 울다가 잠이 들곤 했다. 나와 아내는 소망을 가지고 다시 일어섰지만, 여전히 변방의 끝자락에서 북풍한설을 맞았다.

온 가족이 나 한 사람을 목사로 만들기 위해 헌신했다. 그때를 떠올리면 지금도 가슴이 먹먹해진다. 아내는 억척스럽게 돈을 모았다. 남편을 대학원에 보내 목사 안수를 받게 하려는 목적으로 그 모든 고생을 감내했다. 포도를 밟아 포도 즙을 짜내듯 아내는 자신을 밟아 남편이 목사 안수를 받게 했다. 수많은 사람이 나 한 사람을 위해 희생의 피를 흘리며 오늘의 자리에 나를 세우기 위해 그렇게 고생했다. 당시에 아내를 그토록 고생시켰으면서도 고맙다고, 고생했다고 따뜻한 말 한마디 하지 못했다. 늦었지만 아내에게 말하고 싶다. 진심으로 고맙고. 사랑한다고.

아내는 라마나욧선교회라는 또 다른 변방 사역을 위해 갱년기를 겪으면서도 어린이집에서 일하며 나를 세우는 일에 힘쓰고 있다. 사명을 좇느라 가정을 돌아보지도 못하고 무거운 짐을 지운 남편이건만, 그토록 묵묵히 헌신하는 아내는 내가 날마다 만나는 십자가를 지신 예수님이다.

한때, 남들은 평탄하게 받는 목사 안수를 왜 이토록 고생스럽게 받아야 하는지 이해가 되지 않았다. 남들은 평탄하게 걷는 그 길을 왜 나만 모질게 걸어야 하는 건지 이해할 수 없었다. 수많은 물음이 나를 힘들게 했다. 그러다 작은 교회와 사역자들을 섬기며 왜 내가 이토록 치열하게 사는 변방목사여야 했는지 조금씩 이해하게 됐다.

이런 눈물을 흘려보지 않은 사람은, 그렇게 흘리는 눈물의 사람을 붙잡아 줄 수 없기 때문이다. 하나님은 작은 교회의 험악한 자리를 아시고 나를 미리 험하게 다루신 것이었다. 선하신 하나님은 나 한 사람을 세우기 위해 수많은 사람들의 피를 흘리면서까지 나를 포기하지 않으셨다. 이런 사랑을 받았기에 나는 작은 교회를 향한 마음을 포기할 수 없다.

예수님께서 사역을 시작하시기 전, 광야에서 40일을 금식하며 시험을 당하신 것처럼 나도 그 길을 걸어온 것만 같다. 작음 속에 아파하는 사람들을 섬겨야 하기에 하나님은 나를 작음 속에 있는 고통을 미리 겪게 하셨다. 뿐만 아니라 작음 속에 하나님의 놀라운 일들을 경험하게 하셨다. 작음 속에 있는 자들을 능히 도우라고 말이다. 때문에 지금은 아내의 피를 짜서 받은 변방 목사의 자리를 어떤 것보다 소중히 여긴다. 이 자리를 위해 예수님은 십자가를 지셨고, 아내는 자신의 피를 짜서 나를 목사로 만들었다.

하나님은 다양한 자리와 사람들을 동원하셔서 그 많은 작음의 아픔을 경험하게 하셨고, 그곳에 엄연히 살아 계신 하나님을 경험하게 하셨다. 나는 믿고 있다. 내가 해야 하는 이 사역이 그 무엇과 바꿀 수 없는 소중한 것이고, 이 사역을 통해 이루실 하나님의 일이 너무도 놀라울 것임을 말이다. 그래서 오늘도 기대하며 앞이 보이지 않는 이 길을 묵묵히 달려간다.

주님이 나를 위해 물과 피를 다 짜주신 사랑에 더하여 아내까지 나를 위해 헌신하는 사랑을 받았기에 나도 그렇게 꿈꾸는교회와 사역자들에게 헌신하기 위해 노력하고 있다.

한 사람이 세워지기 위해서는 피를 짜는 헌신이 있어야 함을 누구보다 잘 알고 있다.

그가 시험을 받아 고난을 당하셨은즉
시험 받는 자들을 능히 도우실 수 있느니라. —
— 히브리서 2장 18절

CHAPTER 08

충성은 나를 치유하며
길을 열게 하는 최선의 열쇠다

아내의 헌신으로 목사 안수를 받은 후, 하나님이 세우실 교회를 위해 아내와 함께 개척 노트를 적으며 준비에 들어갔다. 교회의 목표는 "하나님이 기뻐하시는 교회, 인생을 가치 있게 하는 교회, 가정을 행복하게 하는 건강한 교회"였다. 사람들이 인식하기에 "또 교회야!"가 아니라 '바로 그 교회'가 되기 위해 기도했다. 교회를 위한 교회가 아니라 세상을 위한 교회가 되어야 하기에 최선을 다해 준비의 시간을 가지고 기도하며 상의했다.

그 무렵, 한 목회자 세미나에서 지금은 고인이 되신 이중

표 목사님의 별세신학 강의를 들었다. 세미나 셋째 날, 하나님의 은혜가 폭포수처럼 흘러 넘쳤고 은혜의 강물에 잠겨 하나님의 은혜를 충만하게 누렸다. 한참을 은혜 가운데 머물다 나오니 세상이 달라져 있었다. 바람소리, 새소리, 땅을 비추는 태양과 공기까지. 모든 것이 내게 말하고 있었다. 구름 위를 걷는 듯한 기분으로 숙소를 지나쳐 인적이 드문 산쪽으로 발걸음을 옮겼다. 그곳에도 사람들이 모여 있었지만 하늘이 열린 듯 주님의 사랑 고백이 여기저기서 들려왔고, 헤어 나올 수 없는 기쁨에 찬양이 터져 나왔다. 시간가는 줄 모르고 주님과의 교제를 마치고 나니 어느새 주변이 어둑해져 있었다. 감격의 은혜가 얼굴에서 흘러넘쳤고 입술에서는 찬양이 그치지 않았다.

저녁 예배를 드리러 가는데 누군가 나를 부르는 소리에 돌아보니 전도사 시절 섬겼던 교회 목사님께서 환히 웃으며 달려오신다. 특유의 모습으로 안아 주시고 대뜸 내게 말씀하신다.

"지금 어디에서 사역을 하고 있나? 우리 교회로 올 수 없겠는가?"

개척을 준비 중이라고 말씀드렸지만 목사님은 내가 꼭 필요하다며 와 달라고 요청하신다. 교단도 다르고 개척할 마음을 품고 있었기에 목사님의 요청을 받을 수가 없었다. 몇 번이나 당부하시는 목사님 요청을 바로 거절하지 못하고 기도하고 연락드리겠다 말씀드리고 헤어졌다.

집으로 돌아와 아내에게 세미나 기간에 누린 은혜를 전하고 목사님 요청도 이야기했다. 그랬더니 아내가 대뜸 부목사로 가자고 한다. 부목사로 부임하는 걸 하나님의 뜻으로 받아들인다기보다는 고생에 신물이 나서기 때문이라고 생각했지만, 이내 아내의 소리가 하나님의 소리로 들렸다.

교단도 다른데 부목사로 오라고 초청한 것도 그렇고 전혀 만날 수 없는 곳에서 은혜로 충만하게 채우신 후에 길을 이끄시는 하나님의 마음이 느껴져 개척을 미루고 목사님께 전화를 드렸다. 바로 오라는 목사님의 말씀에 교회에서 숙식하며 부목사 사역을 시작했고 다른 가족은 한 달 후 집을 정리하고 합류했다.

아내가 아름다운 추억으로 가슴에 담을 만큼 행복한 시절이었다. 나에게도 여전히 고향 같은 교회로 남아 있다. 약 4

년, 부목사로 지내며 존경하는 목사님과 사모님 그리고 성도님들의 뜨거운 사랑을 통해 나와 아내는 변방에서 찢기고 상했던 육체와 영혼을 치료받으며 새롭게 세워져 갔다. 잠시 변방 목회를 접고 안식을 누렸던 시간이다. 그 기간 동안 부목사로 누릴 수 있는 특혜를 마음껏 누렸다. 담임 목사님께서 부흥강사이므로 주일 예배를 마치면 부흥회가 열리는 곳으로 떠나셨다. 주일 예배 후의 모든 교회 일은 내 몫이었다. 개척 준비가 따로 없었다. 담임 목사님과 사모님이 믿고 맡겨 주셔서 전도사님 두 분과 함께 할 수 있는 모든 걸 쏟아 마음껏 주님을 사랑하고, 교회를 사랑하며, 영혼들을 사랑하는 사역을 펼쳤다.

교회는 평안하게 행복한 교회로 세워지기 시작했다. 아내와 나는 어느 때보다 안정되고 행복한 꿈을 꾸며 주님을 향해 온몸을 바쳐 헌신하기 시작했다. 특별히 성도들과 성경공부를 했던 때가 기억이 남는다. 말씀에 갈급함을 느낀 성도들이 저녁 늦게까지 함께 모여 말씀을 배우고 말씀의 능력을 체험하는 시간이었다. 이 경험이 지금까지 말씀에 집중하게 만든 계기가 되었다.

나는 변방목사입니다

"300평 대지에 700평 성전을 짓고 일천 명 성도가 모여 예배하는 예루살렘 교회와 같은 세계 선교의 요람이 되자."

담임 목사님의 구호와도 같은 기도 제목이었다. 담임 목사에게 주신 하나님의 꿈을 실현하는 데 힘을 보태는 게 부목사의 사명이라 생각했다. 1999년 이 꿈을 실현하기 위해 새로운 구호도 만들었다.

"2000년은 새 성전에서."

하지만 담임 목사님은 부흥회 사명을 받아 바쁘신 관계로 교회 건축을 이끌기에 어려움이 있을 것이라 생각했다. 교회가 300평 대지를 매입한 지 오래였기에 예배당을 세울 수 있는 시기가 되었다고 생각했고, 담임 목사님의 꿈이 곧 내가 받은 사명이라고 여겼기에 구호를 만들어 외치며 적극적으로 밀고 달려간 것이다.

수요일 저녁 예배에서는 요한계시록 말씀을 중심으로 교회가 새롭게 지어야 할 예배당은 무엇이고, 주님을 모신 진정한 성전은 무엇인지 강론했다. 부목사로서 할 수 있는 최선을 다해 교회를 섬겼지만 이대로는 부족하다고 생각했고 담임 목사님을 대신해 나라도 철야를 하면서 기도해야겠다고 마음먹었다. 바로 그날부터 예배당에서 철야하며 기도하기 시작했다. 며칠이나 지났을까? 담임 목사님께서 나를 부르셨다. 더 이상 철야를 하지 말라고 하신다. 그 한 마디에 큰 충격을 받았다.

그때까지 교회에서 진행한 일을 믿고 맡겨 주셔서 생명을 걸 듯 교회에 모든 걸 쏟아 부었는데 이렇게 말씀하시다니. 내 계획도 꿈도 다 내려놓고 헌신을 했는데 이런 말을 듣는다 생각하니 섭섭하고 당황스러웠다. 이제와 생각하면 목사님의 심정이 충분히 이해가 된다. 담임 목사님의 입장을 고려하지 않은 철없는 행동이었음을. 하지만 그 당시에는 섭섭함이 컸다. 그만큼 목사님을 존경했고 조금의 사심도 없이 교회를 세우는 일에 헌신했기 때문이다. 철야를 하지 말라는 목사님의 말씀을 듣고 '이게 무슨 뜻일까?' 하나님께 묻기 시작했고 개척하라는 '싸인'임을 직감했다. 주님의 정지신호였다.

새로운 곳으로 부르시는 하나님의 음성을 듣지 못하고 머물고 있는 자리가 좋아 주님의 뜻을 묻지도 않고 달려가고 있던 것이었다. 며칠 후, 담임 목사님을 찾아가 연말까지만 사역하겠다고 사임의사를 말씀드렸다. 목사님은 펄쩍뛰며 만류하셨지만 결정을 바꿀 수는 없었다. 하나님의 새로운 계획으로 부르시는 뜻이라고 생각했기 때문이다. 그러면서 염치없는 부탁을 하나 드렸다. 12월 31일까지 사역을 마치고 마지막 주일예배 때 온 성도 앞에서 목사님의 축복기도를 받고 싶습니다. 담임 목사님은 서운함을 감추지 못하셨지만 넓은 아량으로 부목사의 청을 받아 주셨다.

1999년 12월의 마지막 주일, 모든 성도들이 지켜보는 가운데 담임 목사님의 축복기도를 받고 교회를 사임했다. 과분한 퇴직금과 감사패, 성도들이 건네주신 선물에 얼마나 송구스럽던지.

주님의 배려 속에 4년 동안 행복한 공동체에서 충분한 치료와 쉼, 충전을 받고 개척의 길로 들어서게 됐다.

2000년 3월 27일, 부목사로서 외쳤던 "2000년은 새 성전에서"라는 구호가 내 구호가 되어 새로운 지역에서 교회를 창립했다. 무지한 나를 믿고 모든 걸 맡겨 주셔서 사역을 경험하게 하신 담임 목사님의 신뢰와 배려가 없었다면 새로운 교회설립은 불가능한 일이었을 것이다.

세월이 흘러 그 심정을 헤아려 보니 그 사랑이 얼마나 크고 놀라운 것이었는지 깨달을 수 있었다. 부목사를 믿고 따라 준 성도님들의 얼굴이 한 분 한 분 다 기억이 난다. 세월이 흘러도 결코 잊을 수 없는 행복한 기억이다.

변방에서 겪은 모든 상처를 치유 받고, 개척을 준비하기에 조금도 부족함이 없게 하시려는 하나님의 배려였다. 전혀 생각도 못한 은혜, 생각도 못한 만남으로 교단도 다른 곳으로 나와 아내를 인도하신 여호와 이레, 멋지신 하나님을 찬양한다. 오늘도 하나님은 내가 생각할 수 없는 은혜를 통해 내 앞길을 예비하신다고 믿는다.

담임 목사님에게 주신 하나님의 꿈을 이루기 위해 구호를 만들고 충성했는데, 하나님께서는 그 충성스런 마음을 보시고 개척의 길을 열어 '2000년을 새 성전에서' 맞게 하셨다. 충성은 결코 헛되지 않음을 분명하게 확인하는 자리였다. 그래서 난 오늘도 충성하며 달려간다.

　　　　　　　　나는 변방목사입니다

CHAPTER 09

하나님 나라에서는
믿음의 바보를 쓰신다

1999년 12월 31일, 행복하게 섬기던 부목사 사역을 내려 놓고 두 번째 개척을 시작했다. 개척을 준비하는 중에 지인 들로부터 다양한 조언을 들었다. 대부분의 조언은 참으로 합 리적인 생각들이었다.

부흥을 하려면 첫째로 완공된 성전이 있어야 하고, 둘째로 개척 멤버가 있어야 하며, 셋째로 개척 자금과 후원을 받을 데가 있어야 한다고들 이야기했다. 교회가 위치한 길목이 좋 아야 한다는 말도 빠지지 않았다. 이런 조언을 들을 때 불끈 하는 마음이 솟았다. 내가 믿는 하나님은 무에서 유를 창조하신 분인데 다 준비된 곳에서 하나님이 하실 일이 있을까? 목회는 주님이 행하시는 일을 보는 것이며, 주님의 부르심에 순종하는 것 아닌가?

귀한 사랑의 마음으로 해 주신 조언들이기에 소중하게 받지만 결코 그대로 따를 수는 없었다. 내 고집에서 나오는 오기가 아닌, 주님을 신뢰하는 오기로 돈 없이, 멤버 없이, 성전을 짓지 않는 교회, 3무 목회를 선언했다. '하나님을 기쁘시게 하는 교회, 인생을 가치있게, 가정을 행복하게' 하는 교회로 방향을 정했다. 개척할 지역을 살피려 출발하던 날 아침, 성경을 보는데 말씀이 가슴을 설레게 한다.

> 그가 이르되 우리 주인 아브라함의 하나님 여호와여 원하건대 오늘 나에게 순조롭게 만나게 하사 내 주인 아브라함에게 은혜를 베푸시옵소서(창 24:12).

"오늘 나에게 순조롭게 만나게 하사" 이 구절이 가슴을 파고들며 기도가 되었고, 개척할 장소를 만나게 하실 거란 확신이 들었다. 오늘 처음 보는 장소가 우리의 예배처가 될 것이라며 '순조롭게'라는 단어를 그렇게 해석하고 적용했다. 그리고 아내와 함께 주님의 인도하심에 따라 길을 나섰다. 길을 나서며 원칙을 정했다.

"섬기던 교회의 성도가 거주하지 않는 곳으로 가자."

인천 방향의 1호선 전철을 타고 가던 중, 부개역이란 곳에 전철이 정차했다. 처음 보는 역 이름이 내 마음을 강하게 끌며 나를 부르는 것 같았다. 어딘지도 모르며 무작정 아내 손을 붙잡고 급히 내려 역을 빠져 나와 걷기 시작했다. 그렇게 걷다가 처음 들어간 부동산의 소개로 건물을 보는 순간, 여기다 싶어 계약하자고 했다. 모아 둔 예금도 없었고 살고 있던 집의 전세금은 2천만 원이었다. 4층짜리 빨간 벽돌 건물의 3층 58평 공간, 창문도 빨간색으로 단장되어 보는 이의 눈을 사로잡았다. 아침에 본 말씀처럼 첫 번째 보는 건물이 내 맘을 사로잡은 것이었다.

건물 임대료는 보증금 4천만 원에 월세 80만 원이라 감당할 수 있는 액수가 아니었다. 전세금 2천만 원밖에 없으면서 무슨 용기인지 주인에게 계약하겠다고 했다. 아무런 대책도 없이 말씀을 믿고 배짱으로 나선 것이다. 그런데 건물 주인은 교회에는 월세는 줄 수 없고 전세로 계약하겠다고 했다. 전세금 8천만 원. 아무리 통사정을 해도 주인은 요지부동이었다. 도대체 세상이 교회를 이렇게 못 믿을까 너무도 답답했지만 그것이 현실이었다. 나는 포기하지 않고 말했다.

"내일 와서 계약을 할 테니 다른 사람에게 주지 마세요."

돈 한 푼 없으면서 하루아침에 전세금 팔천만 원을 준비해 올 테니 내일 계약하자고 간청했다. 전세금을 빼도 겨우 2천만 원 밖에 없는 사람이 나머지 돈을 어떻게 만들어 계약을 하겠다고 했을까? 은행을 모르고 살았기에 은행 대출은 생각도 못했다. 하지만 나와 아내는 바보가 돼 있었다. 무슨 용기인지 꼭 다시 올 테니 다른 사람에게 주지 말라고 신신당부까지 했다.

전철을 타고 집으로 돌아가는 데 아내에게 한 통의 전화가 왔다. 전화를 건 사람이 뜬금없이 무슨 일이 없느냐 묻는 것 같았다. 아내는 아무 일 없다고 대답했지만 그쪽에서는 무슨 일이 있는 것 같다고 점쟁이 같은 소리를 했다. 아무 일 없다고 말하고 아내가 전화를 끊었는데 잠시 후 다시 전화가 와서 이것저것 캐묻는 듯했다. 할 수 없이 자초지종을 이야

나는 변방목사입니다

기했더니 전화를 건 분이 본인 집을 담보로 대출해 주겠다고 했다. 그분은 예수님을 믿지도 교회를 다니지도 않는 사람이었다. 우리 부부는 하나님의 순적한 인도하심이 놀라워 어찌할 바를 몰랐다. 이런 길도 있다니! 바보같이 앞뒤 재지 않고 계약하겠다고 말한 상황에서 교회를 다니지도 않으시는 분의 마음을 움직여 예배처를 마련하신 하나님의 순적한 인도하심에 가슴이 터질 것 같았다. 이런 하나님을 어찌 찬양하지 않을 수 있으랴!

개척 후, 주인의 마음을 강하게 하셔서 전세로 계약을 맺은 게 하나님의 엄청난 은혜였음을 깨달았다. 성도 한 명 없는 교회, 누구도 후원하지 않는 교회가 어떻게 80만 원이란 월세를 감당할 수 있었겠는가? 인간의 무지함과 얄팍한 계획을 초월하신 하나님의 인도하심을 이때 절실히 경험했다.

문제는 하나님의 인도하심을 받아 교회는 계약했지만 그걸로 끝이 아니었다. 새 건물이다 보니 모든 시설을 새로 준비해야 하고, 성구를 들여야 했다. 왜 그 생각을 전혀 못했을까? 미련해도 그렇게까지 미련할 줄은 몰랐다. 대책도 계획도 없었다.

하나님의 순적한 인도하심은 계속되었다. 내가 고민할 새도 없이 든든한 후원자가 되신 누님과 형님이 성구를 준비해 주시고, 자형의 소개로 예배당 공사를 시작케 하셨다. 본인의 인건비는 받지 않고 공사비용도 창립예배 후에 받겠다고 하시면서 공사를 진행해 주셨다. 교회를 위해 헌신하신 분들을 생각하면 가슴에 눈물이 흘러내린다.

바보 같은 목사, 아무 대책도 없이 건물만 덜렁 얻어 놓은 목사를 책임지기 위해 많은 분들이 성심성의를 다해 교회와 사택을 꾸며 주셨다. 이분들은 교회가 세워진 후에도 교회가 어렵다는 소식을 듣고, 여의도순복음교회에서 9시 예배를 드리고 우리 교회로 오셔서 예배를 드리셨다. 텅 빈 예배당에 든든한 남자 세 명의 뜨거운 찬양이 울려 퍼지니 얼마나 힘이 나던지.

하나님은 무모한 목사, 바보 목사를 얼마나 놀랍게 책임져 주셨는지 모른다. 나는 자랑할 것이 하나도 없는 변방 목사일 뿐이다. 100% 하나님의 은혜로 이루셨다. 이런 은혜를 알기에, 오늘도 무모한 도전을 시작할 수 있는지 모른다. 개척 멤버가 없어도, 건물이 없어도, 또 당장 살 돈이 없어도 과감

나는 변방목사입니다

하게 도전할 수 있었다.

라마나욧선교회를 섬기는 목사로 세우시기 위해 하나님께서 미리 계획하시고 이렇게 인도해 주신 듯하다. 이런 경험을 바탕으로 작은 교회들을 만나며 나로는 아무것도 줄 수 없으면서도 신문지 한 장이 되어 담대하게 지난 8년을 달려올 수 있었다.

요즘 사역자들이 교회 개척을 겁낸다. 힘들다 말하고, 작은 교회는 부흥할 수 없다고 말한다. 이런 시대에 광야에 외치는 자의 소리가 되도록 하나님은 나를 아무것도 없는 곳에서 인도해 내셨고 이제는 나를 이끄신 하나님을 담대하게 전할 수 있게 하셨다. 계산적이고, 훈련되지 못한 나를 주님은 3무 목사로 세워 이 일을 하게 하셨고 이제는 꿈꾸는(작은)교회들을 섬기며, 이 사역을 전파하며 하늘부흥을 외칠 수 있게 사용하고 계신다. 얼마나 감사한지 그 은혜를 생각할 때마다 눈물이 흐른다.

"주여, 바보도 써 주시는 하나님을 찬양합니다. 오직 믿음 하나로 들어가는 하나님의 나라를 찬양합니다. 바보 같은 목사를 순조롭게 인도하신 하나님을 찬양합니다."

하나님 나라에서는
믿음의 바보를 쓰신다.

CHAPTER 10

인간의 무력함은
유력하신 하나님의 시작점일뿐
끝이 아니다

준비도, 대책도 없이 믿음 하나로 시작한 목회. "2000년은 새 성전에서"라는 구호를 주님이 이루셨고 2000년 2월 20일 첫 예배를 드렸다. 나와 아내는 자신이 있었다. 4년의 부목사 시절 변방에서 상처받은 마음을 치유 받고 행복한 섬김을 경험했기에 자신감이 넘치고 두려울 게 없었다.

하나님은 교회 건물을 소개한 부동산중개사 두 명과 교회 건물 2층의 컴퓨터 학원 원장, 교사를 전도하게 하셨다. 전도한 사람들과 함께 예배를 드리니 천국의 길을 가는 것 같았다. 힘이 불끈 솟았다. 계속해서 황홀한 길을 걷고 싶었지만 맨땅에서 시작한 개척은 만만하지 않았다.

부동산중개사는 다른 지역으로 이사를 가고, 컴퓨터 학원 원장과 교사는 서로 교제하다가 헤어지는 바람에 두 사람 모두 교회에 나오지 못했다. 상황은 다시 원점으로 돌아갔다.

그해 겨울은 무척 추웠다. LPG로 임시 연결한 보일러 비용은 간담을 서늘하게 할 정도라서 주일에만 보일러를 가동하고 평일에는 꺼둘 수밖에 없었다. 아내와 아이들이 모진 추위를 온몸으로 견뎠다. 지금도 그때 겨울을 생각하면 몸이 떨린다. 그렇게 추위를 견디며 절약해도 58평의 교회를 유지하려면 상당한 비용이 들었다. 전세금을 마련해 준 분의 대출이자까지 적어도 백만 원은 필요했다.

한 명의 성도도 등록하지 않은 교회에서 사례비는 꿈도 꿀 수 없는 일이었다. 봉헌된 헌금을 다 모아도 채 10만 원이 안 되는 달이 대부분이었다. 신앙도 없는 분에게 돈을 빌린 상황이라 어떻게든 대출이자를 갚아서 '빛'이 되어야 하는데 '빚'만 쌓여 갈 뿐 도통 해결 방법이 없었다.

어느 날, 아무런 대책도 없이 혼자 기도원에 올라가 기도를 하고 돌아왔다. 그때 아내가 달려와 말했다. 누가 백만 원

나는 변방목사입니다

을 놓고 가셨다고. 아직도 백만 원을 두고 간 분이 누군지 모른다. 이렇게 주님은 죽지 않고 살 수 있을 정도의 힘만 주셨다. 각오한 일이기에 참을 수 있었고 큰 문제가 되지 않았다. 모든 개척자들이 마찬가지일 것이다. 정작 나와 아내를 힘들게 한 일은 전도였다. 날마다 높은 아파트를 오르내리며 전도하고 주변 공원과 길에서 전도를 하는데 도무지 전도가 되지 않았다. 정말 이상했다. 부동산중개인과 컴퓨터 학원 원장을 전도한 이후로 한 명도 전도되지 않았다. 매일 전도를 하는데도 단 한 사람도 전도할 수 없었다. 왜 그렇게 무력했는지. 그때 아내와 나는 고백했다.

"당신과 나는 능력이 없는 사람이야!"

전도하면서 말로 표현할 수 없는 모욕과 봉변도 많이 당했다. 열심히 노력하는 데 왜 그런 수치를 당해야 하는지 이해하기 어려웠다. 남들은 가만히 있어도 신실한 일꾼들이 교회에 모인다고 하는데 우리에게는 단 한사람도 그렇게 찾아오지 않았다. 베드로가 물고기를 잡을 수 없도록 막으신 것처럼 하나님이 꽉 막으시는 듯했다. 날은 여전히 추웠고, 보일러를 틀 수 없는 집은 바깥 날씨와 크게 다를 게 없었다.

2월 20일 첫 예배를 드리며 시작한 전도는 11월까지 이어졌다. 그때까지 단 한 사람도 열매 맺지 못하자 낙심이 됐다.

모든 현실을 맨몸으로 받아내야 했던 아내는 병들기 시작했고, 급기야 전도를 마치고 집으로 돌아온 어느 날 아내가 집을 나가버렸다. 전도를 해야 할 가정이 오히려 깨질 위기에 처해 있었다. 하늘이 노랗고 아무 생각이 나지 않았다. 초등학교 1학년 아들과 6살 딸을 바라보다가 나는 너무나 황당한 선택을 했다. 어린 아들과 딸을 사택에 남겨 두고 청평에 있는 금식 기도원으로 올라가 버렸다. 기도원에 올라간 후, 3일간 가족에게 연락도 하지 않고 금식하며 기도를 했다. 철이 없어도 이렇게 없었다.

하나님의 보호하심이 없었다면 큰일이 나도 여러 번 났을 것이다. 다행히 걱정이 된 아내가 집에 연락을 했고, 아이들만 있다는 사실을 안 뒤 집으로 들어와 사건은 일단락되고 아이들이 받은 상처는 크지 않았다. 이때를 생각하면 아이들과 아내에게 미안해 얼굴을 들 수가 없다. 바보 같은 목사, 아내도 자녀도 돌볼 줄 모르는 목사, 철없는 목사를 하나님은 버려두지 않으셨다. 3일의 금식 기간 동안 주님은 큰 은혜를 베푸시고 힘을 주셔서 다시 일어서게 하셨다. 이후에 하나님의 은혜로 길이 열리기 시작했다.

드디어 전도의 첫 열매가 열렸다. 자녀들에게 성탄절을 가르쳐 주고 싶다며 아이들을 데리고 교회를 찾아온 분이 있었다. 전도할 때 사용한 꽃그림 전도지가 예뻐서 모아두었다고도 했다. 이 가정이 아니었으면 첫해 성탄절은 절망절이 됐을 텐데, 두 아이들에게 성탄절을 가르치며 행복한 시간을 보냈다. 그들은 힘겨워하던 우리에게 단비가 된 소중한 열매였다.

바보 같은 목사가 아이들을 버려두고 기도원으로 올라간 최악의 선택을 기점으로 전도가 되기 시작했다. 교회는 전도의 벽을 허물고 앞으로 나아가기 시작했다. 나와 아내는 너무도 무력했지만 하나님은 대단히 유력한 분이셨다. 바보 같은 목사임에도 하나님은 사랑하셔서 부족함을 채우시며 전화위복의 은혜를 주시고 부흥케 하셨다.

아내의 가출과 목사의 바보 같은 선택, 이것은 분명 교회와 가정이 끝났어야 할 시점이었다.

하지만 주님은 변방목사에게 하늘부흥이란 놀라운 단어를 만들어 사용케 하기 위해 무력한 순간을 부흥의 순간으로 바꾸셨다.

어떻게 알고 오는지, 바보 목사, 가출 사모가 있는 교회로 사람들이 모여들었다. 자리가 없어 보조의자를 펴야할 만큼 교회는 성장했고, 2부 예배까지 드리기 시작했다. 이런 경험을 하면서 하나님의 은혜를 찬양하지 않을 수 없는 목사가 되었다.

"내가 약할 그때가 곧 강함이라."

바울이 외친 이 말씀은 바로 내 삶의 구호가 되었다. 아무리 노력해도 단 한 명 전도하지 못하는 무력한 전도자에 자녀도 돌보지 못하는 무책임한 가장이었다. 하지만 유력하신 하나님은 가정과 교회를 자라게 하셨다. 교회의 주인은 무력한 사람이 아니라 유력한 하나님이시다. 그래서 교회는 누가 뭐래도 이 땅의 유일한 소망임을 믿는다. 교회는 유력한 하나님이 주인이신 곳이기에 나는 교회를 세우는 이 사역이 얼마나 행복하고 기쁜지 모른다. 모든 무력함이 하나님의 유력함으로 하늘부흥을 경험하기 때문이다. 나는 당당히 외칠 수

나는 변방목사입니다

있다. 인간의 무력함은 하나님의 유력함의 시작일뿐 끝이 아

니다.

인간의 무력함은
하나님의 유력함의 시작이지
끝이 아니다.

CHAPTER 11

교회를 내려놓아야
교회가 세워진다

개척 후 10년이 되던 해, 교회는 안식년을 허락했고, 그 기간에 건강한 교회를 탐방하기로 결정했다. '건강한 교회, 건강한 성도를 세우는 일'이 내 가슴 속 유일한 꿈이었기 때문에 건강한 교회들을 탐방하며 영과 육을 새롭게 하는 시간을 보내려 했다. 그런데 지인 목사님께서 서울역 노숙인을 섬기는 사역을 해 보지 않겠냐 말씀하셨고, 거절할 수 없었다. 아마 여건이 좋은 곳이었다면 단호히 거절했을 것이다.

두 가지의 길이 있을 때 더 낮은 길이 하나님의 뜻이라 믿고 있기에 주저함이 있었지만 순종했다. 성도들에게도 그렇게 열심히 가르쳤다. 하나님이 이끄실 때 분명한 말씀이 없다면 더 낮은 곳으로 가라고 말이다.

일주일에 한 번 노숙인들을 만나 말씀을 전했다. 안식년을 계획대로 보내지 못하고 '왜 이러고 있나?' 싶은 생각도 있었지만 기쁨으로 감당했다. 그렇게 전혀 생각지 못한 섬김의 장소에서 라마나욧선교회의 정신이 된 '신문지 한 장의 정신'을 배우게 될 줄은 꿈에도 몰랐다. 건강한 교회를 탐방하고, 노숙인을 섬기며 보내던 어느 날, 성경을 읽는데 말씀 한 구절이 가슴을 통과하며 나를 완전히 사로잡았다.

여호와의 소리가 힘 있음이여 여호와의 소리가 위엄차도다
여호와의 소리가 백향목을 꺾으심이여 여호와께서 레바논
백향목을 꺾어 부수시도다(시 29:4-5).

이제까지 사람을 변화시켜 그리스도의 제자로 세우고자 얼마나 애를 썼는지 모른다. 거의 날마다 코피를 쏟았고, 과로로 쓰러지기도 했다. 다행히 하나님의 은혜로 바로 회복할 수 있었지만 건강을 향한 경고이기도 했다. 그렇게 열심히

나는 변방목사입니다

제자 훈련을 하며 건강한 교회와 제자를 세우려고 했는데 안식년을 맞아 돌아보니 남는 것이 하나도 없는 목회였음을 자백할 수밖에 없었다. 그래서 더욱 더 간절하게 어떻게 하면 건강한 교회를 세울 수 있을지 몸부림치는 내게 그 말씀은 단비처럼 다가왔다.

"여호와의 소리가 힘 있음이여."

자신감을 얻기 시작했다. 이 한 구절이 희망의 빛이 되었다. 말씀을 묵상하면서 다윗의 심정이 이해가 되었다. 그가 사울을 변화시키기 위해 얼마나 노력했는가? 자신의 정당함을 말하며 선을 행하지만 어떤 노력으로도 사울을 바꿀 수 없었다. 그러던 어느 날 번쩍하며 내려치는 번개 앞에 견고한 백향목이 쩍하고 갈라지는 모습을 보면서 그는 이 고백을 하고 있는 것이다. 이 감동이 내게도 느껴지고 가슴에 깊이 들렸다. 얼마나 감동이었는지 옆에 있던 아내에게 흥분해서 말했다.
"여보, 이것 보세요. 여호와의 소리가 힘 있대요!"

남편의 뜬금없는 소리에 아내는 감동할 수 없었지만 내 가슴에는 새 희망이 솟구쳐 올랐다. 아무것도 변한 게 없지만 자신감이 생겼다. "사람의 소리로 누군가를 설득하는 목회가 아니라 여호와의 소리로 하는 목회"를 하리라 다짐하며 희망의 꿈을 꾸게 되었다. 6개월 안식 기간 중 5개월이 지나 곧 교회에 복귀할 때를 앞두고 가슴에 희망이 솟구쳤다. 이런 내게 하나님은 청천 벽력같은 말씀을 하셨다.

"교회를 내려놓으라."

아둔한 목사인 나는 대답할 수 없었다. 아니 대답하지 않았다. 이제야 조금 고생에서 벗어나고, 안식년 보내며 은혜를 주셔서 희망을 품고 자신감을 가졌는데 교회를 내려놓으라니. 이해할 수 없었다. 왜 교회를 내려놓아야 하느냐고, 내가 가야 할 길이 무엇이냐고 물어도 주님은 대답하지 않으셨다. 나도 하나님께 대답하지 않고, 아무에게도 말하지 않고 묻어 버렸다.

6개월의 안식년이 지나고 교회에 복귀해 '하나님의 소리로 하는 목회'를 펼쳐 보려고 애를 쓸 무렵. 여름 휴가로 작은 교회를 목회하시는 목사님들을 초청해 부부동반으로 낮에는 함께 교제하고, 저녁에는 수련회로 말씀을 나누는 시간을 가졌다. 그 마지막 날, 하나님은 아내를 통해 두 번째로 교회를 내려놓으라고 하셨다.

벼룩도 낯짝이 있기에 도저히 내 힘으로 아내를 설득할 수 없음을 아시고 하나님이 직접 말씀해 주신 것이다. 하나님의 지혜와 크신 능력을 찬양하지 않을 수 없다. 어쩔 수 없이 교회를 내려놓겠다고 선언했다. 하지만 휴가를 마치고 교회의 사역을 감당하면서 고민하기 시작했다. 그동안 성도들에게 교회를 위해 헌신하고 여기에 뼈를 묻자고 외쳤던 사람이 교회를 내려놓고 빠지겠다니. 더구나 큰 아이가 대입시험을 앞두고 있고, 딸도 고등학생이 된 시점에 어떻게 교회를 내려놓는단 말인가. 두려움이 몰려와 차일피일 미루고 있었다. 그러자 상상할 수 없는 일들이 교회에서 벌어지기 시작했다. 신실하던 제자들이 하나, 둘 떨어져 나가고 감히 글로 표현할 수 없는 일들이 벌어졌지만 아둔한 난 깨닫지 못했다. 그 일들이 나 때문에 일어난다는 걸 깨닫지 못했다.

그러던 어느 날, 아들이 다쳤다며 아들의 담임 선생님으로부터 전화가 왔다. 병원에 가니 고관절이 부러져 수술이 필요하다고 했다. 그때가 마침 추석 연휴기간이라 수술을 하지도 못하고 연휴가 끝나길 기다릴 수밖에 없었다. 아들은 아파서 죽겠다고 하는데 달리 방도가 없었다. 다음 날 새벽, 기도를 하는데 하나님이 세 번째 말씀하셨다.

"너 때문이다. 교회를 내려놓아라."

아들의 고관절을 부러뜨리고서야 두 손을 들고 항복했다. 하지만 얼마나 고집이 센지 야곱처럼 순순히 항복하지 않았다. 아들이 수술하지 않고 뼈가 붙도록 해 달라고, 그러면 순종하겠다고 고집을 부렸다. 하나님은 병원에서 수술이 필요하다고 한 아들의 부러진 뼈를 수술하지 않고 붙여 주시는 기적을 보이셨다. 더 이상 어쩔 수 없던 나는 두 손 들고 항복했다.

2009년 11월 첫 주일 예배 때, 교회를 내려놓겠다고 성도들 앞에서 이야기했고 그해 12월 31일 사임했다. 내 힘으로는 도저히 내려놓을 수 없었지만 하나님은 내려놓을 수 있도록 이끌어 주셨다. 사임하고 모든 것을 내려놓았다. 교회에서 허락한 사택을 나오려니 구백만 원. 전세금 이천만 원으로 개척해 10년을 마무리하고 나오는데 구백만 원 뿐이라니. 네 식구가 거처할 집을 얻기도 버거웠다. 아무래도 난 바보 같은 목사다. 그 순간, 이렇게까지 했으니 하나님이 큰일을 맡기실 거라는 얄팍한 계산서가 작동했지만, 내게 주어진 건 작은 교회를 섬기는 일이었다.

노숙인을 섬기던 때의 경험을 떠올리게 하시며 '신문지 한 장의 정신'을 담게 하셨다. 노숙인들은 추운 겨울, 사람들이 버리고 간 신문지를 이불 삼아 잠을 청한다. 신문지 한 장은 결코 따뜻하지 않지만 노숙인들이 죽음에 이르지 않고 내일을 맞이할 수 있게 한다. 주님은 이 땅의 작은 교회를 향한 마음을 환상을 통해 보여 주셨다. 교회를 유지하기 힘들어 사역자가 교회 문을 닫으려 하는데 주님이 그 문을 붙들고 우시면서 말씀하셨다.

"내가 이 교회의 주인인데 왜 교회문을 닫느냐?"

이런 주님의 인도하심으로 교회를 내려놓고 다시 무모한

도전의 길을 걸어야 했다. 수험생 아들과 고등학교 1학년인 딸을 두고 라마나욧선교회를 통해 작은 교회와 사역자들을 섬기는 길에 나서야 했다. 이렇게 순종했으니 길이 활짝 열릴 줄 알았지만 현실은 그렇지 않았다. 사무실 하나 빌리지 못하고 날마다 집에만 있어야 했다. 과연 내가 받은 사명이 맞는 것인지 틀린 것인지 혼란스럽기까지 했다. 사무실을 얻을 수도 없고 그 어떤 것도 할 수 있는 힘이 전혀 없었다. 오기로 하나님만을 소망삼아 기다렸다. 작은 교회를 섬겨야 할 내가 그들보다 더 못한 처지에 놓이게 됐다. 아들과 딸은 학교에서 돌아와 말하곤 했다.

"아빠 오늘도 집에만 있어요?"

이 말이 너무나 크게 가슴에 꽂혀서 아이들이 집에 돌아오는 시간이 무서워졌다. 이런 무서운 소리를 7개월 간 더 들었다. 과연 하나님이 나를 부르신 것이 맞는가? 맞는다면 도대체 이 상황은 무엇인가? 답답한 시간이었지만 기적과 같은 일도 있었다. 감사하게도 하나님은 사무실도 없고, 교회도 없는 무직 목사를 7개월 동안 한 주도 빠짐없이 작은 교회에서 섬길 수 있도록 하셨다. 지금 생각해도 기적 중의 기적이다. 헷갈리는 순간이기도 했다.

작은 교회를 위해 부르신 게 맞는 것 같은데 사무실은 주시지도 않고, 할 일도 없이 집에만 있으려니 참으로 답답했다. 할 수 있는 일을 찾아 인터넷으로 카페를 만들어 사역을 시작했지만, 자식들에게 오늘도 집에 있냐며 놀림을 당하는데 하나님은 가만히 계셨다. 하나님이 가만히 계시니 나도 가만히 있었다. 집에서 말씀과 독서에 더 집중했다. 지금도 그때 내가 잘한 것인지 잘못한 것이지 구분이 안 된다. 어쩌면 하나님께 배짱을 부리고 있었는지 모른다.

현명한 사람들은 가족을 생각하고 자신의 미래를 생각해 다양하게 살 길을 찾았을 텐데 나는 7개월을 놀았다. 진짜 바보가 따로 없다. 바보를 써 주시는 하나님은 더 바보시다. 세상에는 현명한 사람들과 인격과 실력을 갖춘 성숙한 분들이 많은데, 성질 못되고 아는 것 없고 아무것도 스스로 할 수 없는 나를 지명하여 부르셨으니 하나님은 나보다 더 바보이시다.

7개월이 지나는 시점에 완전히 교회를 내려놓은 나를 안타깝게 보신 권사님이 찾아오셨다. 사무실이라도 얻어서 일을 해야지 집에만 있으면 어떻게 하냐며 이백만 원을 내놓으셨다. 재정이 넉넉지 않아 힘들어 하시는 분이었는데 내가 얼마나 바보 같았으면 그렇게 하셨을까? 권사님께 그 돈을 받고 사무실을 얻으려 돌아다녔으나 마땅한 공간을 찾기 어려웠다. 그 돈으로는 도저히 사무실을 얻을 수가 없었다. 다행히 처형이 대출을 받아 지원을 해 주어 사무실을 계약하고 나를 알지도 못하시는 쿠웨이트에 계신 김성길 장로님의 헌신으로 지금의 사무실 공간을 얻을 수 있게 하셨다. 그렇게 라마나욧선교회가 작은 교회의 신문지 한 장으로 설 수 있게 됐다. 그 과정에서 수많은 분들의 사랑이 있었다. 받은 것뿐이고 드린 게 없어 얼마나 죄송한지. 나는 드릴 수 없지만 하나님께서 꼭 갚아 주시리라 믿는다.

이 과정을 통해 나는 소중한 레슨을 받았다. 교회를 내려놓아야 교회를 세울 수 있다는 사실이다. 높은 산을 오를 때 '저 산을 꼭 오르리라.' 욕심 부리기 시작하면 조급해지고, 그러면 실패한다. 한 걸음, 한 걸음을 중시하며 걷다가 보면 어느새 정상에 도달하듯이, 진짜 교회도 그렇게 세워지는 것임을.

CHAPTER 12

실패를 두려워하지 말고 실패하지 않으려는 것을 두려워하라

'나'라는 사람을 이야기하면서 '공동 목회'를 말하지 않으면 정확히 소개한 게 아니며 공동 목회를 실현하기 위해 애쓴 과거를 알지 못하면 나를 다 이해한 게 아니다. 베드로와 야고보와 요한이 중심이 되었던 예루살렘 교회와 같은 공동 목회를 10년 동안 꿈꿨다. 꿈을 실현하기 위해 두 명의 친구를 설득해 공동 목회를 시작했지만 거기까지였다. 모양은 그렸으나 실제는 실패하고 좌절해 내 생애 가장 비참한 시간을 보내기도 했다.

인간은 망각의 동물이라 했던가? 개척한 교회가 든든히

세워지고 있을 때 공동 목회의 꿈을 다시 꾸기 시작했다. 떠올리고 싶지 않은 기억이지만 바울이 에베소 교회를 향해 "그러므로 너희에게 구하노니 너희를 위한 나의 여러 환난에 대하여 낙심하지 말라 이는 너희의 영광이니라(엡 3:13)." 고백한 것을 닮으려 '그때가 나의 영광'이라고 고백하며 그 옛날을 추억해 본다.

내가 속한 지방회에 젊고 유능한 후배 목사가 교회를 개척해서 열심히 섬기다가 교회를 내려놓고 전단지를 돌리며 생활하고 있다는 소식을 들었다. 아끼던 후배라 그런지 신경이 많이 쓰였다. 그것을 하나님의 뜻이라 착각하며, 아니 그 친구가 유능하고 탐나는 사람이라서, 공동 목회를 해 보자고 제안했다.

두 번째 공동 목회가 시작된 것이다. 나는 색깔이 아주 강한 사람이다. 공동 목회를 말했지만 나를 내려놓고 싶은 마음은 전혀 없이 이상만 추구했다. 월급을 동일하게 받으며 말로는 공동 목회라고 했지만 부목사처럼 후배 목사를 부리는 식이 아니었을까? 그분이 얼마나 힘들었는지 그때는 몰랐다. 이런 상황에서 사단이 교묘하게 틈타 여러 사건을 일으켰고, 교회가 소란스러워지자 이 친구는 6개월 만에 교회의 주역들을 데리고 나가버렸다. 단 6개월 만에 두 번째 공동 목회가 대 참사로 끝나버린 것이다.

날마다 코피를 쏟아가며 제자훈련을 시킨 이들이 한순간에 나를 버리고 떠났다. 단 6개월을 함께한 후배 목사를 따라서 말이다. 배신감으로 인한 상처는 이루 말할 수 없었다. 자기 잘못은 보이지 않고 남의 허물만 크게 보는 게 사람 아니던가. 후배 목사님과 따라간 성도들이 너무도 미웠다. 교회의 문을 열고 들어가는 일이 마치 지옥문을 여는 것과 같이 싫었다. 한동안 실의에 빠져 있다가, 그대로 있으면 목사로서 더 이상 사역을 감당할 수 없을 것 같아 강단에서 철야하며 하나님과 씨름하기 시작했다.

얼마나 모질게 하나님을 향하여 나아갔던지 하나님 앞에 무릎을 꿇고 밤을 꼬박 새웠다. 어떻게 그럴 수 있었는지 지금도 이해가 되지 않지만 그렇게 했다. 강단에서 눈물과 통곡으로 기도하며 고난의 대명사인 욥기를 읽었다. 한 자, 한 자 왜 그리 가슴깊이 다가오는지. 그러던 어느 날, 새벽 두 시쯤 되었을까? 한 구절의 말씀이 그 자리에서 나를 벌떡 일어나게 했다.

> 사람이 무엇이기에 주께서 그를 크게 만드사 그에게 마음
> 을 두시고 아침마다 권징하시며 순간마다 단련하시나이까
> 주께서 내게서 눈을 돌이키지 아니하시며 내가 침을 삼킬
> 동안도 나를 놓지 아니하시기를 어느 때까지 하시리이까
> (욥 7:17-19).

한 단어 한 단어 모두가 살아서 움직이며 내 영혼을 치료
했다. 그중에서도 '그를 크게 만드사'라는 구절은 큰 위로와
격려를 주었다. 욥은 자신이 당하는 고난을 도저히 감당할
수 없다고 생각했지만 믿음의 눈으로 보니 하나님이 자신을
생각보다 크게 만드셨음을 깨닫는다. 때문에 아침마다 권징
하시고 순간마다 단련하시며 침 삼킬 동안도 놓지 않으신다
는 것이다. 그때의 감격은 형언할 수가 없다. 분노로 가득 찬
강단에서 무릎 꿇고, 눈을 감지도 못하는 나였는데, 그 말씀
은 나를 자리에서 벌떡 일으켰다. 일으킴과 동시에 모든 상
처가 한순간 날아가 버렸다.

나는 변방목사입니다

"나를 크게 만드사"

이 말씀이 온 영혼을 휘감았고 나는 그 자리에서 춤추기 시작했다. 내 안에 미움과 불신을 쌓아 넘어뜨리려 했던 사단은 혼비백산 도망갔고 벅찬 감격에 휘감긴 채 찬송이 터져 나왔다. 하나님은 나를 새롭게 만드셨다. 다음 날 후배 목사님에게 전화를 걸어 만나자고 했고, 함께 사우나를 갔다.

"오늘 목욕하면서 그동안 있었던 일들 다 씻어 버리고 새롭게 출발하자!"

좀 더 성숙했더라면 내 잘못을 먼저 고백하고 사죄했을 텐데, 그때는 내가 잘못한 줄을 몰랐다. 물론 은혜를 체험하고 잊자고 결심한다고 모든 게 한 번에 잊히는 건 아니었다. 며칠 후 심방을 가다가 교회를 떠난 성도님을 보았다. 그 순간 내 마음은 다시 지옥이 되었다. 끓어오르는 마음을 어찌할 수 없었다. 다음 날 새벽, 하나님 앞에서 회개하고 그 교회를 찾아갔다. 문은 잠겨 있었고 전화를 받지도 않았다. 어쩔 수 없어 문을 붙잡고 기도했다.

"주여, 용서합니다. 이분들 한 사람 한 사람을 축복합니다. 다시는 이분들을 향해 미워하는 마음을 품지 않게 하소서."

완전하지 못했지만, 하나님은 용서하려는 마음을 기뻐하셨던 것 같다. 나는 이날 이후로 다시 일어섰다. 마음을 잡고 목회의 자리로 나아갔다. 얼마나 감사했는지 모른다.

처음 공동 목회를 실패한 후에는 1년이라는 시간이 필요했는데, 그때보다 더한 상처와 충격이 있었지만 하나님은 몇 개월이 걸리지 않아 나를 다시 일어서게 하셨다. 하나님이 용서를 얼마나 기뻐하시는지 알게 된 경험이었다.

변방목사인 나는 모든 걸 이런 방식으로 배워갔다. 그러나 삶은 단순하지 않았다. 여전히 그 자리가 주는 부담감이 있어 교회 이전을 생각하고 여기 저기 알아보기 시작했다. 교회에 자리가 부족한 상황이었지만 성도들이 성전건축에 기도와 땀을 흘리기보다 영혼을 구원하고 세상을 변화시키는데 그 힘을 써야 한다고 생각하며 교회 이전이나 건축을 포기했었는데, 교회를 떠난 후배 목사님과 성도님들을 향한 부담감과 상처를 잊기 위해 교회 이전을 추진했다.

겸손히 주님께 묻고 인도하심을 따랐어야 했는데, 하나님께 묻지 않았다. 부천으로 교회 이전을 결정하면서 생각지 못한 세 번째 공동 목회를 시작했다. 이전의 상처를 잊기 위해 더 큰 상처의 자리로 가는 꼴이었는데, 바둑 용어로 '장고 끝에 나오는 최고의 악수'였다. 비전도 다르고 목회의 색깔과 방향이 전혀 다른 사람 둘이서 공동 목회를 하기로 결정한 것이다.

나는 아픔이 있는 자리에서 탈출할 마음뿐이었고 함께 공동 목회를 시작한 목사님은 재정적 어려움을 극복하기 위한 강구책이었다. 당연히 공동 목회의 출발이 순탄할 수 없었다. 나는 사사건건 내 색깔을 드러내고 원하는 방향을 주장했다. 얼마나 많은 상처를 받으셨을지, 죄송한 마음을 금할 길이 없다.

그렇게 한 해를 투쟁하며 지내니 철이 좀 들기 시작했다. 그분에게 선임 자리를 배려하면서 함께 가려했다. 하지만 동행하기 위해서는 내가 생각한 건강한 교회, 건강한 성도를 세우는 일을 포기해야만 했다. 서로의 장단점을 파악하고 갈등이 사그라졌을 때쯤 하나님은 안식년을 허락하시며 나에게 교회를 사임하라고 말씀하셨다.

그렇게 세 번째 공동 목회도 완전히 실패로 끝이 났다. 그런데 하나님은 쓰라린 상처로 덮여야 할 내 가슴에 용서의 수를 놓게 하셨고 그 수를 통해 작은 교회를 치유하는 아름다운 그림을 그려 가셨다. 많은 곳에 용서의 수를 놓아야 제대로 된 그림이 완성되나 보다. 쉽게 분노하며 고집 피우는 나로 인해 상처를 받은 사람들에게 사죄의 수를 놓아야 그림이 완성되는 것 같다.

하나님은 나를 크게 만드셨다. 모든 실패를 다 담을 만큼 나는 크게 만들어져 있다. 하나님은 매일 아침 권징하시고, 순간마다 단련하시고, 침 삼킬 동안도 놓지 않고 살피시며 아름다운 수를 놓고 계신다. 그래서 희망이 있다. 비록 아직도 넓지 못한 마음, 쉽게 분노하는 품성과 남을 배려하지 못하는 모습이 남아 있지만 주님은 나를 크게 생각하사 놓지 않으시고 새롭게 만들어 가시기에 희망이 있다.

오늘도 실패하지만 나는 두렵지 않다. 나를 크게 만드시고 포기하지 않으시는 하나님이 계시기에 희망이 있다. 실패를 통한 아름다운 수를 사용하셔서 수많은 동역자를 치료하고 회복시키실 것이다. 나는 오늘도 그날을 기대하며 용서와 사죄의 수를 놓는다. 정말 두려워해야 할 것은 실패 자체가 아니라 실패하지 않으려는 마음이다.

나는 변방목사입니다

하나님이 나를 만드신 크기만큼 아름답게 수가 놓여지도
록 오늘도 실패를 두려워하지 않으며 주님이 부르신 사명을
향해 달려가리라.

어떤 실패도 다 담을 만큼
하나님은 나를 크게 만드셨다.
실패를 두려워하지 말고
실패하지 않으려는 것을 두려워하라.

CHAPTER 13

만남을 하나님이
보내 준 선물처럼 귀히 여기라

"만남의 축복을 받게 하소서. 축복의 통로가 되게 하소서."

자녀들을 위해 기도하면서 빠뜨리지 않는 제목 중 하나다. 만남의 축복을 받고, 다른 사람들에게 만남의 축복을 주는 사람이 되길 바라는 마음에서 하는 기도다. 사람을 가려서 만나라는 게 아니라 어떤 만남이든 소중하게 여기라는 의미다. '만남'은 중요하다.

한때 만남은 변수(變數)라고 생각했다. 변수가 무엇인가? 사전적으로 '어떤 관계나 범위 안에서 여러 가지 값으로 변할 수 있는 수'를 의미한다. 그러니까 누구를 만나는 가에 따라 삶이 변할 수 있다고 생각했다. 즉 변화의 주체가 내가 아니라 다른 사람이었다. 이제는 만남은 변수가 아니라 상수(常數)라고 생각한다. 상수는 '일정한 상태에 있는 물질의 성질'을 의미한다. 그러니까 만남은 누구를 만나느냐가 중요한 것이 아니라 자신이 누구인가에 의해 결정된다는 말이다. 만남이 변수라고 생각하던 시절, 허락된 만남을 소홀히 여긴 순간들이 떠오른다. 내 마음에 드는 사람과 그렇지 않은 사람을 대하는 태도가 완전히 달랐다. 지금도 그런 모습이 대부분임을 부인할 수 없지만 생각만큼은 바뀌고 있다.

미국 '도미노 피자(Domino's Pizza)'의 한 매장 주인은 배달 나가는 직원을 향해 "당신은 지금 4,000달러짜리 피자를 배달하고 있는 것이다!"라고 말했다고 한다. 이 말이 무슨 뜻인지 잘 몰랐는데 곰곰이 생각해 보니 의미가 있다. 피자 한 판의 가격은 10달러도 채 안되지만 피자를 시켜 먹는 고객의 가치는 4,000달러에 이른다는 사실을 인식하게 만드는 것이다. 피자를 배달하는 사람이 고객을 변수로 생각한다면 그 가게는 망할 것이다. 반대로 상수로 생각해 소중히 여긴다면 그 가게는 반드시 성공할 것이다. 지금 만나는 한 사람 한 사람을 소중히 대해야 한다. 내가 만나는 그 한 사람이 곧 나의 미래다. 이렇듯 누군가를 만난다는 것은 참 소중한 일이다.

만남에는 한 사람의 과거와 현재 미래가 고스란히 전해지기 때문이다. 그 자리에는 아름다운 추억이 있고 가슴 아픈 자국도 있으며, 소소한 이야기에서부터 위대한 성과까지 담겨 있는 것이다.

문득 라마나욧선교회 이사장으로 8년째 섬겨 주시는 윤민영 목사님과의 첫 만남이 떠오른다. 10여 년 전, 이사장님을 처음 뵌 곳은 연합체육대회가 열렸던 시흥실내체육관이었다. 체육대회를 앞두고 예배를 드리는 시간, 나는 예배 뒤에 진행될 경기의 선수라서 맨 뒤에 앉아 몸을 풀고 있었다. 찬양과 기도가 끝나고 당시 안산 시흥지방회장이셨던 윤민영 목사님이 설교하셨다. 체육대회라 여기저기서 웅성거리고 맨 뒤에 앉으니 잘 들리지도 않았는데, 목사님의 설교가 큰 은혜로 다가왔다. 체육대회를 마치고 은혜의 통로가 되신 목사님을 수소문해 부흥회 강사님으로 교회에 초대하면서 이

사장님과의 관계가 시작되었다.

2010년 라마나욧선교회를 시작하면서 목사님을 이사장님으로 모시고자 했을 때, 쾌히 승낙하시며 지금까지 변함없이 지지해 주시며 큰 힘이 되고 있다. 만약 체육대회 예배시간의 짧은 만남을 건성으로 지나왔다면 이사장님과의 아름다운 동행은 없었을 것이다. 하나님은 이 만남을 통해 크고 깊은 은혜를 베푸시고 있다.

과거처럼 만남을 소홀히 하는 실수를 하고 싶지 않다. 어떤 만남이든지 하나님이 보내 준 선물을 받듯 소중히 여기며 최선을 다하고 싶다. 주님이 날 소중히 여기듯 나도 누구를 만나든 소중히 여기고 싶다.

"지혜로운 사람은 이해관계를 떠나 누구에게나 친절하고 어진 마음으로 대한다. 왜냐하면 어진 마음 자체가 나에게 따스한 체온이 되기 때문이다."

파스칼이 남긴 말이다. 그의 말처럼, 만남은 누구를 만나는가에 따라 결정되는 게 아니라 나의 태도에서 그 만남의 중요성이 결정된다. 목사는 늘 누군가를 만난다. 만나야 일이 된다. 그런데 어느 때부터인가 만남의 소중함과 아름다움

나는 변방목사입니다

을 잊고 영혼 없는 만남, 형식적인 만남을 이어 가기도 한다.

만남을 소망하며

우리 손을 잡고 천천히 걸어요.

함께 마주 보기만 해도

기쁨으로 가득 채워지는

그런 만남을 소망하며

사랑을 나누어 봐요.

우리 한 쪽만으로는

완전하지 못해요.

인간이기 때문에 많은 허점들을

가지고 있어요.

잡고 있는 손에

힘을 주어 봐요.

꿈을 찾아 헤매다 지쳤을지라도

꿈을 찾을 때까지

서로를 격려하고 서로에게 주어야 할

가장 좋은 것이 무엇인지를 생각해요.

그 기대가 깨어질지라도

서로 사랑해야만 해요.

_D. B. 브라운

작은 교회를 섬기는 라마나욧선교회를 시작하면서 브라운의 시에 담긴 고백을 가슴에 새겼다.

"꿈을 찾아 헤매다 지쳤을지라도 꿈을 찾을 때까지 서로를 격려하고 서로에게 주어야 할 가장 좋은 것이 무엇인지를 생각해요. 심지어 그 기대가 깨어질지라도 서로 사랑해야만 해요."

라마나욧선교회는 꿈을 찾아 헤매다 지친 이들의 공동체다. 지쳐 있고, 상처받았기에 함께하기가 쉽지 않을 수 있다. 비록 쉬운 길이 아닐지라도 신문지 한 장이 되어 서로를 격려하고 마음을 공유하는 그런 공동체를 이루고 싶다. 고집세고 성질 급한 내 성품으로 이런 공동체를 세운다는 건 불가능하다. 하지만 나를 크게 만드신 하나님을 믿기에 용기를 가지고 다시 도전장을 내민다. 작은 꿈꾸는교회가 꿈을 찾을 때까지, 그들과의 만남을 소중히 여기며 사랑으로 섬기는 사람이 되고 싶다.

라마나욧선교회는
꿈을 찾아 헤매다
지친 이들의 회복 공동체다.

CHAPTER 14

최고의 반죽으로
최고의 빵을 만드신다

1997년 서울의 한 교회에서 부목사로 사역하던 시절, 햇볕이 따스한 봄날 어떤 성도님이 물으셨다.

"목사님은 어떤 음식을 좋아하세요?"

섬기던 교회에는 실패를 경험했지만 믿음으로 다시 일어서고자 애쓰는 분들이 많았다. 넉넉한 환경에서 사는 분도 계셨지만, 대부분 어렵고 힘겨운 삶을 사는 분이었다. 그분들의 처지를 잘 알기에 어떤 음식을 좋아하느냐는 물음에 "수제비를 좋아한다."고 대답했다. 그 덕에 수제비를 원 없이 먹었다. 개척을 한 뒤에도 먹을 게 마땅치 못해 아내와 수제비를 끓여 먹었다. 그렇게 먹고도 질리지 않았다. 오히려 수제비를 먹기 위해 반죽을 할 때 기분이 좋아졌다.

어느 날은 수제비 반죽을 하다가 문득 하나님께서 내 삶을 이렇게 반죽하고 계신 건 아닐까 생각했다. 반죽을 할 때는 하얀 밀가루에 물이나 우유, 식용유를 넣고 맛을 내기 위해 소금이나 설탕, 효소를 넣는다. 모든 재료를 고루 섞기 위해 반죽을 돌리고, 두드리고, 때로는 손으로 누르며 이기기도 한다. 이 모든 행위가 반죽에 포함된다. 나를 향한 계획을 이루시려고 다양한 재료를 넣으시며 반죽하고 계신 하나님의 손길을 느낄 때면 새로운 힘이 생겼다.

하얀 밀가루 같은 나에게 소망의 쓴 물을 먹이셨고
부드러워지라고 낮아짐의 우유를 부으셨으며
윤기가 나라고 사랑의 식용유도 부으셨고
달콤하라고 은혜의 설탕을 넣으셨으며
간을 맞추기 위해 실패의 소금을 넣으셨고
찰지라고 강한 손으로 고난의 압박을 가하기도 하셨으며
부흥의 이스트를 넣고 부풀리셨으며

나는 변방목사입니다

그 꿈을 이루느라 인내의 오븐에서 뜨겁게 구우시며
세상을 먹일 떡으로 굽고 계셨다.

성경에서는 하나님을 토기장이로 표현한다.

그러나 여호와여, 이제 주는 우리 아버지시니이다 우리는
진흙이요 주는 토기장이시니 우리는 다 주의 손으로 지으
신 것이니이다(사 64:8).

하나님은 나를 반죽하셔서 새로운 모양으로 빚으시는 토
기장이다. 그분의 손길에 맡겨 놓으면 연약한 사람도 새롭게
빚어질 수 있다. 그분의 반죽하시는 손길 안에 있으면 실패
가 습관인 사람도 일으켜져 위대하게 만들어진다. 그분은 위
대한 토기장이시기 때문이며, 그분의 반죽은 완벽하여 믿고
맡기면 멋진 빵이 되어 나온다. 그분의 반죽하시는 손길, 그
분이 부으시는 쓴물과 우유와 소금이 싫어 몸부림쳤던 기억
은 얼마나 부끄러운지. 모든 걸 맡기고 이끄시는 대로 겸손
히 순종하며 기다리면 되는데 반항하며 살아온 지난날이 안

타깝다. 왜 나를 이렇게까지 누르시냐고, 왜 이런 것까지 부으시냐고 사사건건 반항한 삶이었다.

누군가 하나님을 최고의 사냥개라고 표현한 것처럼 포기하지 않으시고 나를 택하사 작은 교회와 사역자들을 섬기는 사람으로 만들기 위해 그토록 오랜 세월 다양한 재료를 넣어 반죽하셨다. 이제는 그 반죽을 맛난 수제비로 만들어 작은 교회와 사역자들에게 먹이시려는 주님의 일하심에 감격한다. 나로는 기대할 수 없지만 완벽한 재료로 최고의 맛을 내시는 그분이 반죽하셨기에 누가 먹어도 맛난 수제비가 되리라 믿는다.

배고픈 사역자들이 먹고 힘을 낼 수 있는 그런 수제비가 되고 싶다. 비록 최고급 호텔의 일류 요리는 아니지만 누구나 먹을 수 있는 맛있는 수제비로 나를 반죽하신 주님의 그 손을 찬양한다.

이제는 내 삶에 무엇이 던져지든 기쁨과 감사함으로 주님께 맡길 수 있을 듯하다. 반죽의 달인이신 주님이 마음껏 기쁨으로 반죽하셔서 최고의 반죽으로 최고의 빵을 만드실 것을 믿기에 나를 주님께 맡겨 드린다.

CHAPTER 15

주님의 날을 기대하며
오늘 주어진 압력에 저항하라

하나님의 부름을 받고 담임하던 교회를 사직한 후, 라마나 욧선교회가 눈에 보이고 손에 만져지기까지 8개월이 필요했다. 하나님의 더딘 발걸음에 낙심하고 흔들렸던 시간들. 사무실도 없이 인터넷 공간 속에서만 외친 이야기를 모았다. 라마나욧선교회가 어떤 산고를 겪고 세워졌는지, 무슨 고민을 하며 어디로 가고 있는지 이해할 수 있는 글들이다.

2009년 12월 21일

라마나욧선교회 사역이 시작되는 2010년이 10일 남았다.

설렘과 기대로 가슴이 터질 듯한 통증을 느낀다. 라마나욧선교회가 지쳐 쓰러진 교회들을 새롭게 세우고, 밑바닥부터 차오르는 부흥으로 세상을 덮어갈 일을 생각하면 흐르는 눈물을 어찌할 수 없다.

말구유, 아무도 예상하지 못한 곳에서 태어나신 예수님께서 온 세상을 복음으로 덮으셨듯, 마지막 시대, 아무도 모르는 곳에서 시작하는 라마나욧선교회가 하늘부흥을 통해 이 땅과 민족과 열방의 교회들을 깨울 것이다.

자, 이제 뛰어야 할 시간이 다가왔다. 성령님께서 일하실 시간이다. 그분을 인정하며 환영하며 그분께 이끌려 달려가자. 야호!

2009년 12월 30일

고통 받는 작은 교회들을 향한 하나님 아버지의 마음을 따라 설립된 라마나욧선교회. 오직 하나님 한 분만을 의지하며 사역에 뛰어든다. 사역을 시작하면서 변질되지 않고 끝까지 지속되어야 할 라마나욧선교회의 7대 사역정신을 정리해 본다.

1. 사역을 행하시고 완성하시는 분은 하나님이심을 믿고 순종한다.
2. 기도는 모든 사역의 기초다.
3. 모든 공급처는 하나님 한 분임을 인정한다.
4. 교회가 반드시 부흥할 수 있음을 믿는다.
5. 섬기는 교회의 은사와 비전을 세워드린다.
6. 건강한 교회로 설 때까지 '신문지 한 장 정신'으로 섬긴다.
7. 모든 사역은 자비량으로 한다.

2010년 4월 18일

모든 것을 내려놓고 이 길에 들어선지 3개월이 지났다. 그동안 내 마음 속에서, 주변 사람들의 시선 속에서 거센 압박을 받았다. 그리고 한 가족의 가장으로서 재정적 압박 또한 거세다. '새로운 도전'은 책 속에 나오는 이야기가 아니다. 지금 내 삶에 펼쳐지고 있는 현실이다. 그러기에 무서운 압박을 견뎌야만 한다. 아무도 알아 주지 않는 이 길, 어쩌면 무모한 이 길, 그러나 하나님께서 명하신 길을 걸어가면서 거세지는 압박에 어떻게 저항해야 할지 고민한다. 시험을 앞둔 학생이 부담과 압박 속에서 집중해서 공부하듯, 내외적으로 가해지는 압박 속에서도 길을 잃지 않고 정답을 찾아가야 한다. 과연 어떻게 하는 게 정답일까?

시작은 했지만 변방에서 창조적인 활동을 어떻게 펼쳐야 하는지 답을 찾지 못한 채 압박은 점점 가중되고 있다. 고통받는 교회들 속에서 부흥을 기대하며 달려갈 때, 하나님의 소리에 더욱 민감해야 한다는 어렴풋한 인식만 있을 뿐, 갈피를 잡기가 어렵다. 그러나 저항하리라.

선한 목자이신 하나님께서 나를 그곳으로 이끄시리라 확신한다. 나를 짓누르는 수많은 압박은 나를 넘어뜨리려 하지만, 하나님께서 붙드시니 결코 넘어지지 않으리라. 오히려 압박은 나를 더 강하게, 하나님께 더 가까이 다가가게 만들 것이다.

하나님이 기뻐하시는 모습으로 하나님 나라의 부흥을 이

루는 제자로 거듭날 것이다. 주님의 날을 기대하며 오늘도 무거운 압박 속에서 주님을 의지한다.

2010년 5월 8일

라마나욧을 시작한지 반 년이 지났다. 답답할 때도 있었고, 소망에 흥분하고 때로는 영광에 취해 어쩔 줄 몰랐던 순간도 있었다. 내 감정이 어떻든 모든 순간 하나님이 일하심을 느낄 수 있다. 라마나욧의 사역이 얼마나 귀중한지 이제야 조금 이해하게 됐다. 교회는 지금 짙은 안개 속에 빠진 자동차 행렬과 같다. 앞차의 불빛만 보면서 안개를 빠져나가기 위해 힘쓸 뿐, 교회의 진정한 사명인 구원할 세상을 잃어버렸다. 하나님 나라의 영광은 없고 사람의 영광, 세상의 영광에 취해 아픔만 드러내고 있다. 이런 시기에 라마나욧선교회가 세워졌다. 방황하는 교회, 주저앉은 교회를 치유하고 회복시켜 다시 세상의 빛으로, 소금으로, 구원의 방주로, 하늘영광 가득한 건강한 교회로 세우기 위해 부름 받았다.

'내 교회, 내 가정, 내 자식, 내 산업, 내 나라'라는 좁은 테두리에 빠져 사명을 잃고 방황하던 나에게 세상의 지식이 아닌, 하늘의 영광스러운 지식과 권세와 능력을 보게 하신다.

성경 속 라마나욧에서 왕권과 군대와 지식을 무력화시키고 하늘의 능력에 취하도록 하셨던 하나님의 역사가 이 시대 각 교회 속에서 재현되길 간절히 소망한다. 성령님께서 친히 앞서 이끄신다. 나에게 필요한 건 그분의 이끄심에 겸손히 순종하는 것이다. 그동안 보았고, 알았고, 소유한 모든 걸 내려놓고 그분의 일하심과 크심에 겸손히 따르리라. 그분이 행하실 크고 놀라운 역사의 새 장을 기대하며.

2010년 6월 29일

약속한 6개월이 지나 교회 사무실에 남겨 두었던 짐을 옮기는 날이다. 그 짐들을 옮길 사무 공간은 아직 준비되지 않았다. 다행히 찬양 사역으로 함께 섬기시는 집사님 교회 빈 공간으로 짐을 옮긴다. 내 마음은 조급하고 막막한데 하나님은 바쁘지 않으신가 보다.

이 백성이 천천히 흐르는 실로아 물을 버리고 르신과 르말리야의 아들을 기뻐하느니라(사 8:6).

천천히 흐르는 물처럼 인도하시는 하나님의 손길을 믿으라 말씀하신다. 말씀에 순종할 뿐. 내 고집으로 사무실을 만들 수 있겠지만 '거지가 되라!' 하셔서 시작한 일, 완전한 거지가 되어야겠지만, 정말 답답하고 한심하다. 광야에서 40년 동안 장인의 양을 치던 모세의 심정이 바로 이런 마음 아니었을까? 자신의 경쟁자들은 애굽의 왕과 고관이 되는데 세상이 기억하지 않는 존재, 아니 아무것도 할 수 없는 무력한 존재가 된 듯한 기분이 하루, 한 달, 일 년이 아니라 10년을 넘어 무려 40년이었으니 말이다.

흑암에 행하던 백성이 큰 빛을 보고 사망의 그늘진 땅에 거주하던 자에게 빛이 비치도다(사 9:2).

힘든 중에 말씀으로 인도하시니 너무 감사하다. 빛 되신 주님께서 빛을 비추신다고 오늘도 고백한다.

주의 말씀은 내 발에 등이요 내 길에 빛이니이다(시 119:105).

이제 이사를 해야 한다. 마음 한쪽이 빈 것 같고, 가슴 한쪽이 쿡쿡 쑤시는 듯한 아쉬움이 있다. 하지만 선한 목자 되신 우리 주님이 길을 인도하시고, 빛으로 이끄실 것이라 선포하며 달려가련다.

> 이는 한 아기가 우리에게 났고 한 아들을 우리에게 주신 바 되었는데 그의 어깨에는 정사를 메었고 그의 이름은 기묘자라, 모사라, 전능하신 하나님이라, 영존하시는 아버지라, 평강의 왕이라 할 것임이라(사 9:6).

오늘 내가 해야 할 고백이다. 내가 처한 상황과 마음 상태와는 다르지만 믿음으로 고백하고 선포한다. 주님은 오늘도 내게 기묘자이시다. 모사시며 전능하신 하나님이시고 영존하시는 아버지이며 평강의 왕이시다. 할렐루야!

2010년 8월 19일

무성하게 자란 풀이 앞을 가로막고 있는 것 같다. 나무의 가지가 질서 없이 뻗어 있어 험난한 길, 아무도 걷지 않은 이

길을 오르는 게 힘들 줄 알았지만 이렇게까지 두렵고 어려운 일인 것인지 이제야 체감한다.

누군가의 발자국이 있어서 따라만 가면 편할 텐데, 설혹 그 발자국이 장애물로 인도한다고 해도 잠시는 안도할 수 있을 것 같다. 계속해서 풀을 헤치고 가지를 자르지만 길이 보이지 않으니 힘에 겹고 두려운 마음이 엄습하여 내 영혼이 깜깜해짐을 경험한다.

형제, 아내, 친구 그 누구에게도 하소연할 수 없다. 오직 주님만 이 마음을 아신다. 왜 사서 고생하냐고 묻는다면 할 말이 없다. 낸들 고생하고 싶어서 이러고 있을까. 남들이 걷는 길, 알아주는 길을 걸으면 얼마나 편하고 좋을까. 그러나 펼쳐질 길에 대한 기대가 크기에 오늘도 소망을 품고 설레는 가슴으로 달린다. 나 같은 사람을 세워 이 위대한 일을 하시는 하나님의 은혜에 그저 감사하며 감격할 뿐이다.

지금 많은 교회가 가는 방향은 주님이 기뻐하시는 방향이 아니다. 모두가 편한 곳을 찾고 있다. 봉사를 하더라도 개인의 만족을 위한 봉사로 그치는 경우가 많다. 주님이 계시지 않는 곳에서의 봉사는 단지 수많은 사회단체에서 행하는 봉사와 다를 바가 없다.

신앙이 몰락한 유럽의 교회처럼 우리도 덩그러니 교회당만 있고 교인은 없는 비참한 모습으로 전락할까 두렵다. 교회 본연의 모습을 회복해야 하는데, 주님을 향해 생명을 걸고 살아가는 모습을 점차 찾아보기 어렵다.

자신의 몸을 버리고 세우신 교회, 화려한 유대교의 성전을 포기하고 작은 다락방에서 시작한 교회, 핍박을 피해 카타콤의 무덤을 파고 들어가 견고하게 세워진 그 교회의 정신이 다시 회복되어야 할 때다. 화려한 언변이 있고, 남들이 우러러보는 학식을 쌓은 사역자들이 섬김을 하고, 안정적인 규모와 성도가 만족하는 프로그램을 갖춘 교회라고 해서 모두 좋은 교회가 아니다.

사마리아의 여인도, 여리고성의 거지도, 문둥병자도 부담 없이 들어갈 수 있는 그런 교회가 되어야 한다. 많이 배우고 많이 가져야만 제대로 된 교회를 세울 수 있다고 한다면 그 교회에서는 더 열심히, 더 최선을 다해서 배우고 획득하라고 가르칠 테고, 윤리 도덕의 범주를 넘어설 수 없는 곳으로 전락하고 말 것이다. 복음이 무엇인가? 바로 우리로서는 생각할 수 없었던 인생을 살게 해 주신 주님의 십자가를 자랑하는 곳이다.

교회의 희망은 사람과 건물이 아니라 그곳의 주인이신 주님이라는 사실을 잊지 말아야 한다. 주님이 계셔서 희망이 있다. 교회를 천막으로 지었어도, 지하 깊은 곳에 있어도, 주님이 계시기에 희망이 있다. 그래서 작은 교회를 세우는 이 길은 주님의 능력을 인정하는 길이며, 주님을 기쁘시게 하는 길이다.

오늘도 두렵다. 카타콤의 교회처럼 어둡고 깜깜하다. 언제 이 무덤을 나갈 수 있을까? 언제까지 이렇게 머물러 있어야 할까. 여전히 답을 찾기 어렵지만 내가 가야 할 길이기에 견뎌 내련다. 화려함과 편안함에 묻혀 야성을 잃은 교회들에게, 또 화려함에 견주어 자신의 초라함 속에 묻혀 좌절한 작은 교회 사역자들을 향하여 담대하게 나아가련다. 주여! 제게 힘을 주소서. 주님의 날을 기대하며 다가오는 모든 압박에 굴복하지 않고 저항하게 하소서.

세상의 창조적 발전은
언제나 변방에서 이루어졌다.

_토인비

CHAPTER 16

삶의 일번지 가정에
하나님 나라를 주입하라

가정의 출발인 행복한 결혼생활은 우발사건이 아니다. 그
것은 일생을 통하여 날마다 노력하지 않으면 안 되는 사업
이다. 결혼 생활에 기적이란 있을 수 없다. 다만, 행복을 위
해 노력할 따름이다.

_골드

선교회 사역을 하면서 우리 집에는 새로운 문화가 생겼다.
교회 사역을 할 때는 저녁에도 제자훈련이 있어 생각지도 못
하다가, 선교회 사역을 하면서 아이들이 학교를 마치고 돌아

오는 시간에 온 가족이 손을 잡고 둘러앉아 이야기꽃을 피우고 기도하는 시간을 보내기 시작했다. 이때 지켜야 할 몇 가지 원칙이 있다.

첫 번째, 절대 다른 사람의 이야기에 설교하지 않고 끝까지 잘 들어주기. 군기가 빠져 자주 실수하지만 이 원칙을 지킴으로 모두에게 행복한 시간이 된다. 특별히 이 시간에 아내 이야기가 제일 많다. 힘겨운 삶에서 쌓이는 스트레스를 이런 방식으로 풀어 가는 듯하다. 아내의 이야기가 길어져 잠을 늦게 청해도 가족들이 가슴에 맺힌 멍울을 토해 내고 잠자리로 돌아가는 모습을 바라보는 게 너무 좋다.

두 번째, 손잡기. 안타깝게도 가족이 서로의 손을 잡을 기회가 없어 이 시간만이라도 손을 잡고 싶었다. 아내를 만나고 3일 만에 청혼을 하면서 평생 손을 놓지 않겠다고 했었는데 그 약속을 지키기 위한 방도이기도 하다. 부부 사이에 좋지 않은 감정이 있어도 손을 잡는다. 그리고 이야기를 나누고 함께 기도한다.

세 번째, 자연스런 분위기 유지하기. 복장도, 말투도 자연스러운 분위기로 진행한다. 언제부터인가 형식적인 예배를

나는 변방목사입니다

벗어나고 싶어서 시도한 원칙이다. 한편으로 조심스러운 면도 있지만, 하나님을 아버지로 인식하며 그분 앞에 자연스럽게 나아가는 경험을 공유하고 싶었다.

네 번째, 강제로 하지 않기. 매우 어려운 결단이었지만 하나님이 좋아하실 것 같아서 결정했다. 아이들이 학교생활이나 아르바이트로 자주 빠지거나 몸이 피곤하다는 이유로 먼저 자 버리는 경우가 있어 때로 아쉽기도 하지만 자율의 문화가 가정에 정착하기를 소망하며 나를 내려놓았다.

이렇게 손잡고 기도회를 한 지 8년, 아이들이 나만큼 이 시간을 소중하게 생각하는 것 같지는 않지만 그래도 가족이 서로를 이해하고 소통할 수 있는 시간이라는 점에서 만족스럽다. 기도 제목을 나누고 중보기도를 하면서 가족이 하나로 묶이고 스트레스도 풀 수 있는 기회가 된다. 무엇보다 회복시키시고 위로하시는 하나님의 손길을 가족이 함께 경험할 수 있다. 그동안 아내와 아이들을 고생시킨다는 생각에 미안하고 안타까웠는데 이런 감정들이 대화를 나누며 자연스럽게 극복되어 감사할 뿐이다. 이렇게 좋은 걸 왜 뒤늦게 시작했을까. 훗날 며느리, 사위, 손주들까지 이렇게 손을 잡고 둘

러앉아 서로의 이야기꽃을 피운 후 함께 기도하는 신앙의 명품 가문이 되기를 나는 꿈꾼다.

날마다 작은 교회의 어려운 상황과 힘들어하는 사역자들을 만나고 들어주면서 내가 지쳐 쓰러지지는 않을지 많은 분들이 걱정한다. 하지만 내가 생각해도 신기할 정도로 힘을 내고 있다. 물론 절망에 사로잡히고 순간순간 지칠 때도 있지만, 변함없이 열정을 가지고 사역할 수 있는 이유는 두 가지다. 하나님의 음성을 듣는 아침 묵상과 가족이 이야기를 나누고 기도하는 저녁 기도회. 아침 묵상과 저녁 기도회라는 은혜의 창구가 없었다면 나는 벌써 지쳐서 쓰러졌을 것이다.

가화만사성(家和萬事成). 가정이 평안하고 화목해야 만사가 잘 이루어진다. 이것은 불변의 진리다. 꿈꾸는교회의 사역자들 가정에도 하나님 나라의 평화와 행복과 소망이 가득하길 기대하며 기도한다.

CHAPTER 17

하나님이 명하시는 곳에
실패를 즐기며 무한 도전하라

성공한 사람들은 어느 일에나 실패의 가능성이 있다는 사
실을 알고 있는 사람들이다. 그들은 실패를 두려워하지 않
는 태도로 의연하다.

_디어도어 루빈(Theodore Issac Rubin)

교회는 무모한 도전이 일상인 곳이다. 세상이 어리석다
고 말하는 복음 선포라는 무모한 도전으로 영혼을 구원하는
게 교회의 사명이다. 그러나 언젠가부터 교회가 기득권을 가
진 세력이 되었고, 세상을 향해 도전해서 영혼을 구원하기보

다 세상으로부터 교회를 지키려는 모습으로 변질되고 있다는 느낌을 받는다. 희생을 고통으로, 섬김을 비굴한 행동으로 여기며 낮은 곳으로, 희생의 자리로, 섬김의 자리로 찾아가지 못하고 성공을 향하여 올라가려고만 하는 게 오늘날 변질된 교회의 모습이다. 죄악으로 오염된 세상에 그리스도의 사랑과 능력을 전하는 게 교회가 할 일이 아니던가.

특히 개척 교회와 미자립 교회는 도전하지 않으면 안 되기에 도전의 선두에 서야 마땅한데 이들마저도 야성을 잃었다. 라마나욧선교회는 야성(野性)을 잃어버린 교회를 위해 세워졌다. 이들의 야성을 회복시켜 세상을 향해 무모한 도전을 하게 만들려고. 나부터 무모한 도전을 시작한다. 학벌도, 명예도, 경험도 없고, 유력한 사람은 알지도 못하며, 돈과 능력은 더더욱 없지만 도전장을 내민다. 오직 복음의 능력을 믿을 뿐이다.

한국 교회에는 유명하고 유익한 세미나가 즐비하나 교회와 사역자들은 날로 힘이 없어지고 있다. 지식과 방법만으로는 복음의 능력이 온전히 발휘되지 않는다. 복음의 야성을 키워야 도전이 가능하다.

나는 변방목사입니다

라마나욧선교회는 탁월한 지식을 전수하는 곳이 아니라 복음이 지닌 야성을 키우는 곳이다. 무명의 사람, 실패의 사람이 시작한 세미나에 누가 찾아올까 싶지만, 세상의 기준에서 전할 게 없더라도 매주 세미나를 여는 무모한 도전을 시작했다. 내 능력을 믿기 때문이 아니라 하나님의 소원이며 명령이기 때문이다.

돌에 맞고, 감옥에 갇혀 매를 맞고, 물에 빠지는 온갖 핍박 속에서도 복음을 부끄러워하지 않는다고 외쳤던 바울의 야성. "그는 흥하여야 하겠고 나는 쇠하여야 하리라(요 3:20)."라고 당당하게 외치며 광야에서 주님 오실 길을 예비했던 세례요한의 야성, 카타콤이란 무덤 속에서도 두려워하지 않고 아골 골짝 빈들에도 복음 들고 가겠다고 외치며 거대한 로마를 뒤집은 초대교회의 야성, 바로 이 야성을 회복하고 싶다.

꿈꾸는교회들로 하늘부흥을 보게 만드는 데 라마나욧선교회가 사용되길 소망한다.

예수님은 가난 속에 태어나 사역 시작부터 40일을 굶으셨지만 그의 굶음은 가난한 자들을 부요케 만들었다. 그는 채찍에 맞았으나 그 사건은 인류를 치료했고, 십자가에 죽으셨지만 그 죽음은 인류 부활의 출발점이 되었다. 이 믿음으로, 예수님처럼 가난한 곳에서, 채찍을 맞는 곳에서, 조롱을 받는 곳에서 당당히 복음을 드러내련다. 라마나욧에 모이는 이들 속에 야성이 회복되기를 소망하며 무모한 도전을 한다.

하나님이 세상을 이처럼 사랑하사 독생자를 주셨으니 이는 그를 믿는 자마다 멸망하지 않고 영생을 얻게 하려 하심이 라(요 3:16).

세상을 사랑하여 독생자를 내어 주신 아버지의 마음과 같이, 진정한 사랑으로 성육신하는 교회와 사역자를 세우는 곳이 되고 싶다. 교회가 세상과 영혼을 사랑하는 마음을 다시 회복하고 달려간다면 하나님이 다양한 능력과 지혜를 부어 주시리라 믿는다. 현재로서 작은 교회의 현실은 암울하다. 교역자의 이중직이 당연하게 받아들여지고 교회를 향한 부정적 인식이 만연해 전도하기가 너무 어렵다. 작은 교회는 안 된다는 이상한 논리가 진리처럼 전해진다.

라마나욧은 더 좋은 지식을 전달하고 교회의 외적인 부흥

나는 변방목사입니다

을 돕는 기관이 아니다. 부흥을 포기한 이 땅과 민족을 향해 도전장을 내밀고 가장 위대한 부흥, 즉 세상과 죄인을 향해 도전하는 사람을 세우는 기관이 되고 싶을 뿐이다. 바울은 감옥에 갇힌 순간에도 믿음으로 외쳤다.

> 내게 능력 주시는 자 안에서 내가 모든 것을 할 수 있느니라(빌 4:13).

복음을 소유한 사람들의 특징은 참된 가치를 이루고자 무모한 도전을 한다는 것이다. 실패를 헤아리지 않고 오늘 넘어져도 내일 다시 도전하는 게 그들의 특징이다.

라마나욧 금요정기세미나를 시작하면서 나 역시 실패의 숫자를 세지 않고, 하늘 계산법으로 하늘부흥을 성취할 하나님의 사람들을 세워 갈 것이다. 도전을 포기하고 현실에 주저앉은 사역자들이 라마나욧선교회를 통해 위대한 도전자로 일어서고 하늘부흥을 이룰 것이다.

주여, 당신의 꿈을 이루소서.

오늘도 하나님이 도전하시는 곳에서
실패를 즐기며
당당한 도전자로 서게 하소서.

CHAPTER 18

고난을 부끄러워하지 말고
고난 없음을 부끄러워하라

다산 정약용과 도산 안창호 선생은 내가 존경하는 인물들이다. 이분들처럼 시대의 더러움 속에서도 깨끗하게 살고자 몸부림친 사람들, 세상의 압박에 굴하지 않고 자신의 꿈을 펼치며 저항한 이들이 좋다. 정약용 선생의『목민심서』는 내게 목회 지침서와 같은 책이다.

廉者(염자)는 牧之本務(목지본무)요, 萬善之源(만선지원)이요, 諸德之根(제덕지근)이니라.

청렴은 백성을 이끄는 자의 본질적 임무요, 모든 선행의 원

천이요, 모든 덕행의 근본이다.

牧民者有四畏(목민자유사외) 下畏民(하외민) 上畏臺省(상외
대성) 又上而畏朝廷(우상이외조정) 又上而畏天(우사이외천).

목민관은 네 종류를 두려워해야 한다. 아래로는 백성을 두
려워해야 하고 위로는 대성(臺省:요즘의 감찰기관 즉 검찰
이나 감사원)을 두려워해야 하고 또 그 위로는 조정(朝廷:
요즘의 청와대)을 두려워하고 또 그 위로는 하늘을 두려워
해야 한다.

정약용은 어지러운 세상 한 가운데서 말(言)을 삶으로 실
천한 분이다. 정약용의 둘째 형인 정약전은 천주교 박해로
흑산도에 유배됐고, 셋째 형인 정약종은 당파 싸움에서 밀려
나 신유사옥으로 참수형을 당한다. 그리고 정약용 자신도 강
진으로 유배를 당한다. 네 형제 중 세 명이 이렇게 되었으니
집안이 멸문지화를 당한 것이나 다름없는 상황이다. 정약용
이 강진으로 유배를 오자 사람들은 혹시라도 자신들에게도
화가 미칠까 하여 정약용을 경계하여 마땅히 머물 곳을 찾지
못하다가 주막집 쪽방을 얻어 살게 된다. 그는 술꾼들의 시

끄러운 소리가 끊이지 않는 주막집 쪽방을 사의재[四宜齋]라 부른다. "사의재"는 '네 가지를 마땅히 해야 할 방'이라는 뜻으로, '네 가지'는 맑은 생각과 엄숙한 용모, 과묵한 말씨, 신중한 행동을 말한다.

얼마든지 신세를 한탄하며 자신을 모함한 무리를 욕하며 취해 버려야 할 장소와 고난의 자리를 사의재라 칭하며 살아간 조선 선비의 기상처럼 믿음의 사람도 이런 멋진 태도로 이 시대를 살아야 하지 않을까? 조그만 걱정거리에도 생각이 복잡해지고, 용모는 추해지며, 말씨는 거칠어지고, 품위를 잃어버리는 세태를 바라보며 하늘 대사로서 어떤 삶을 살아야 할지 내 삶의 기준이 된다. 고된 삶이지만 다산처럼 이 자리를 사의재라 칭하며 말을 삶으로 실천하는 변방목사가 되고 싶다.

이로 말미암아 내가 또 이 고난을 받되 부끄러워하지 아니함은 내가 믿는 자를 내가 알고 또한 내가 의탁한 것을 그 날까지 그가 능히 지키실 줄을 확신함이라(딤후 1:12).

사도 바울 역시 고난의 자리를 사의재로 만든 사람이다. 네로 황제의 핍박으로 죽음을 목전에 두고도 자신을 걱정하기는커녕, 제자들에게 사랑을 담아 진리의 편지를 보내며 내가 이 고난을 받되 부끄러워하지 않는다고 고백하는 모습은 얼마나 고결하며 품격 있는가.

'내가 겪는 고난을 부끄럽게 여기라.'는 압력을 받을 때가 많다. 목사로서 돈 없고 힘없이 사는 게 부끄러울 때가 많다. 변방목사로서 부끄럽게 여겼던 순간을 반성하면서 사도 바울의 말씀을 가슴 깊이 새긴다. 그렇게 보면 고난이 부끄러운 것이 아니라 고난 없음이 더 부끄럽다. 오늘도 나의 사의재인 변방목사의 자리에서 당당하게 외친다.

"복음을 위해 이렇게 사는 것이 복이다."

주님의 영광을 위해서라면 어떤 고난도 부끄러워하지 않고 오히려 부함을 부끄러워하며 고난의 자리에서 아름다움을 창조하는 변방목사가 되고 싶다. 고난의 자리에서 맑은 생각과 엄숙한 용모, 과묵한 말씨, 신중한 행동을 하는 그런 목사로 서고 싶다. 라마나욧 목회사관학교가 그런 멋진 목사를 세우는 곳이 되기를 간절히 기도한다.

나는 변방목사입니다

CHAPTER 19

영원한 동행자 되신 주님을
잃어버리지 말라

꿈꾸는교회와 동행을 시작한 지 8년이 지났다. 무모한 도전처럼 시작한 행복한 동행은 5년을 넘으면서 다양한 형태로 진화하기 시작했다. '신문지 한 장'처럼 쉽고 가깝게 다가가기 위해 시작된 라마나욧선교회는 맞춤 세미나, 일대일 양육을 통한 제자훈련을 시작으로, 목회자 전용 도서관 개관과 목회사관학교 개교를 통해 사역지원 연구소로서의 역할을 감당하며 작은 교회 희망의 대안을 찾아가고 있다.

라마나욧은 꿈꾸는교회를 위해 다양한 채널을 가진 선교기관으로 성장 중이다. 선교회가 지금의 모습을 갖추기까지 후원자들의 헌신으로 새긴 사랑의 얼룩, 현장에서 수고하는 사역자들의 땀의 얼룩, 힘겨운 상황에서 꿈꾸는교회가 흘린 눈물의 얼룩이 곳곳에 번졌다. 이 얼룩들은 훗날 꿈꾸는교회들이 하늘부흥을 이루는 그날에 아름다운 모자이크처럼 주님의 얼굴을 드러낼 것이다.

한 교회와의 행복한 동행을 멈추는 날이다. 섬긴지 만 5년이 되었다. 처음 교회를 방문했을 때 목사님 부부는 작정기도 중이셨다. 별 응답이 없으면 목회를 포기하기로 했는데 우리가 기도 응답의 사절로 보냄을 받은 것이다. 하나님은 라마나욧의 첫 번째 동행을 기막힌 기도응답으로 시작하셨다. 5년의 동행을 하는 동안 감사하게도 안수집사를 세우고, 권사와 서리집사를 세우는 기쁨을 누렸다. 얼마나 감사한지 모른다. 목사님 부부는 최선을 다해 하나님을 사랑하고 성도들과 지역을 사랑으로 섬겼다. 이 교회는 매달 저녁 기도회로 모인다. 한마디로 기도에 전념하는 교회, 지역을 전도하는 교회, 사랑으로 지역을 섬기는 교회다. 이런 열심이 모여 작은 교회 중에서는 제법 대형 교회(라마나욧선교회 기준으로 5명 미만은 소형교회, 10명 미만은 중형교회, 20명 미만은 대형 교회라 부른

나는 변방목사입니다

다.)가 되었다.

라마나욧선교회 기준으로 대형 교회가 되었으니 이제는 스스로 자립을 해 나가고 다른 작은 교회와의 행복한 동행을 시작할 시점이 된 것이다. 5년을 함께하다 보니 목사님, 성도님들과 한 가족처럼 되었다. 특별히 목사님과 성도들의 사랑이 풍성해서 5년의 동행기간이 너무나 행복했다. 이제 이별해야 하는데 말을 꺼내기가 너무 어려웠다. 5년간 한 가족처럼 서로를 걱정하고 섬기다가 이제는 가끔 만나야 한다고 생각하니 마음 한편이 허탈했다.

"우리 식구가 떠나면 교회가 텅 비어 보일 텐데. 든 자리는 몰라도 난 자리는 안다고 하는데 어떻게 하나."

차마 목사님께 말씀드리지 못하고 차일피일 미루다가 3개월이 지나갔다. 어느새 한 해의 마지막인 12월, 말씀을 드려야 하는데 도저히 입이 떨어지지 않았다. 사실 출석 성도 50명이 되면 환송을 받으며 교회를 나오기로 했었는데, 아직 50명이 되지 않는 시점에서 교회를 떠나는 게 맞는 결정인지 분별하기 쉽지 않았다. 그러다 문득, 내가 있음으로 담임 목사님이 자신의 은사와 재능대로 목회하지 못하는 부분이 있다는 걸 인지하게 됐다. 목회 선배가 예배 자리에 있으니 당연히 어려움이 많았을 것이다. 새로운 단계로 나아가기 위해서라도 결단해야 할 시점이었다. 이별이 이렇게 힘든 일인 줄 정말 몰랐다. 어려운 마음을 추스르고 목사님께 전화를 드렸다.

"목사님, 교회가 이제 대형 교회가 되었으니 저희가 떠나야 할 때가 된 것 같습니다."

"그러셔야지요."

늘 넉넉한 미소와 풍성한 섬김으로 주변을 잘 섬기는 목사님이라 조금의 어색함이나 어려움을 느끼지 못했지만, 내 마음은 너무도 어렵고 힘들었다. 어떻게 마무리를 해야 아름다운 동행으로 남게 될까? 라마나욧선교회 사역을 시작하고 처음 맞는 이별이라 더 답답하고 힘들었다. 인간적인 아쉬움을 뒤로한 채 하나님께 간절히 기도를 올렸다.

"주님, 평안을 주세요. 주님이 인도해 주세요. 5년을 함께한 그 아름다운 추억이 서로에게 소중한 하나님의 일하심의 자리가 되게 해 주세요. 우리는 떠나지만 꿈꾸는교회와 사역자에게 새로운 힘을 공급해 주세요. 제가 있음으로 자연스럽

나는 변방목사입니다

지 못한 부분이 자연스러워지고 목사님을 중심으로 리더십
이 세워지는 교회가 되게 해 주세요."

돌아보면 아쉬움 천지다. '동행'이라는 단어를 사용하지만
나의 부족함으로 동행하지 못한 경우도 많았다. 불완전한 동
행을 마치며 주님 앞에 다 내려놓았다. 주님과의 완벽한 동
행을 믿기에 이별을 담담하게 받아들일 수 있었다. 나 역시
주님과의 동행을 놓치지 않고 나아갈 뿐이다.

"주여, 인도하소서. 행여나 교회가 저로 인해 받은 상처가
있다면 주님과 동행하며 모두 치료해 주시고, 더 멋진 리더
십으로 큰 부흥을 이루는 교회가 되게 하소서. 건강하고 행
복이 넘치며 진실 되게 주님을 주인으로 모시는 교회가 되게
하소서. 주님께 모든 걸 맡깁니다."

영원한 동행자 되신
주님을 잃어버리지 말라.

CHAPTER 20

하나님의 일에는
사람과 자원을 붙여 주신다

"이것도 뽑을까요?"

"네. 다 뽑으세요!"

작은 교회에 김장을 담가 전달한 지 벌써 5년째다. 작은 교회를 마음에 품고 손수 배추 농사를 지어 공급해 주시는 흰돌교회 심재영 목사님이 계시기에 가능한 일이다. 작은 교회를 사랑과 헌신으로 섬겨 주시는 흰돌교회는 작은 교회에게 고향과도 같은 곳이다. 대학교 1학년 때 목사님을 만났으니 벌써 30년이 훌쩍 넘었다. 목사님과는 천안의 기찻길 옆 오막살이에서 자취도 하고, 한 교회에서 전도사로 봉사하며 개척도 함께한 사이다. 교회가 재정적으로 넉넉지 않고 개인 사정도 있으신 데 작은 교회를 위해 배추를 아낌없이 내어 놓으신다.

배추를 뽑으러 충주로 내려가는 날, 오전 7시 출발이라 새벽부터 서둘렀다. 깜빡하고 소금을 놓고 와서 다시 집으로 돌아가 소금 포대를 번쩍 들어 올리는 순간, 허리가 삐끗하고 말았다. 더는 지체할 수 없었기에 소금 포대를 질질 끌다시피 차에 실었다. 허리가 불편했지만 내색할 수 없었다. 달리 방도가 없어 허리에 손을 대고 안수를 했다.

"주여, 이 종이 아프면 안 됩니다. 허리에 힘을 주소서."

차를 운전하시는 집사님도 허리가 아파 다른 일은 도우실 수 없었기에 내가 아프면 안 되는 상황이었다. 동행한 다른 목사님 두 분도 허리가 아파 고생하시는 분들이라 아픈 기색도 할 수 없었다. 허리에 통증이 있었지만, 밭에 있는 배추를 다 뽑아서 차에 실었다. 함께 가신 목사님이 농담처럼 말씀하셨다.

"목사님은 왜 그렇게 욕심이 많으세요."

한 포기라도 더 가져가려는 내 모습을 보고 목사님이 민

나는 변방목사입니다

망하셨던 것 같다. 농담으로 던진 말씀이지만 순간 가슴이 철렁했다. '목사님 가정의 배추마저 내가 다 가져가는 건 아닌지, 아직 김장도 못하셨을 텐데.'라는 생각이 들었다. 내 마음을 아셨는지 심 목사님은 교회 집사님 배추 밭에서 100포기를 더 뽑아 가라 하셨다. 동행한 목사님들은 그만하자고 하시는데 한 포기라도 더 가져오고 싶어 조금만 더 뽑자고 간청했다. 배추 뽑기를 끝내고 사모님이 친히 점심을 준비해 주셨다. 얼마나 맛이 좋던지 한 그릇을 뚝딱 비웠다. 배추도 공짜로 모두 뽑아 가는 사람이, 수술 후 몸도 좋지 않은 사모님께 대접을 받고 나니 이렇게 염치가 없어도 되나 싶었다. 그럼에도 웃음으로 나의 몰염치를 받아 주시는 목사님과 사모님은 하나님이 주신 소중한 동역자이시다. 점심 식사 후, 나는 또 한 번 몰염치를 드러냈다.

"심 목사님, 여기 목사님들 허리가 아픈데 치료 좀 해 주세요."

나도 허리가 아프니 겸사겸사 치료받으려고 무리한 부탁을 드렸다. 심 목사님은 허리 치료에 전문적인 지식과 특별한 치유의 은사를 받으신 분이시다. 치료를 받으니 모두들 허리가 시원하다며 좋아하셨다. 배추 농사를 지어서 공짜로 작은 교회를 위해 아낌없이 내주시고, 맛있게 식사도 대접하고 허리까지 치료해 주시니 그 사랑을 생각하면 가슴이 먹먹해질 뿐이다.

세 분을 치료해 주실 때, 기운이 없으신지 움직이지 못하시고 허리가 아픈 목사님을 가까이 오라고 하신다. 땀을 뻘뻘 흘리며 치료하는 목사님을 보면서 나 같은 몰염치도 염치가 나기 시작했다. 나까지 치료해 달라는 말을 차마 할 수 없었다. 목사님이 치료하시는 동안 나는 허리에 손을 얹고 주님의 치료를 기다리며 기도했다. 감사하게도 일을 마치고 도착할 때까지 특별한 통증을 느끼지 못했다. 하나님은 작은 교회를 위해 목사님의 헌신을 사용하셨고 동행한 분들의 허리까지 치료해 주셨다. 역시 우리 하나님, 난 이런 하나님이 너무 좋다.

지난번을 마지막으로 5년간 이어졌던 흰돌교회의 배추 나눔은 끝이 났지만, 내가 몰염치했던 만큼 하나님께서 사랑하는 목사님과 교회에 넉넉하게 축복해 주시길 바랄뿐이다. 나 같이 몰염치한 인간이 작은 교회를 섬기는 라마나욧선교회

　나는 변방목사입니다

사역을 감당할 수 있는 건 하나님께서 붙여 주신 이렇듯 소중한 사람들이 있기 때문이다. 교회는 하나님이 주인이시기에 소중한 사람들을 붙여서 일하심을 오늘도 경험한다. 변방 목사는 오늘도 감격 속에 이렇게 외친다.

"교회의 주인은 언제나 하나님이시다."

하나님의 일에는
사람과 자원을 붙여 주신다.

CHAPTER 21

리더의 탄생은
인정과 지지라는
잉태의 시간이 필요하다

목회사관학교 1기생들의 종강 부흥회를 하루 앞둔 가을 날. 여름 장마처럼 비가 내리기 시작했다. 종강 부흥회를 끝으로 사관학교 1기생들이 졸업을 하는데 그 전날 비가 많이 내리니 걱정되었다. 라마나욧선교회와 함께하며 사관학교 교수님으로 섬겨 주시는 충주 흰돌교회 심재영 목사님께서 섬기시는 교회로 달려가 부흥회를 하고 가을여행을 하기로 일정을 잡은 상황이었다.

여행으로 그동안의 수고를 격려하고 싶어 노심초사하며 계속해서 날씨 예보를 주시했다. 부모의 마음이라는 게 이런 것일까. 날씨 하나에 애를 태우며 하나님 앞에 기도하게 되는 마음, 한 사람이 온전한 그리스도인으로 서기 위해 부모의 간절한 기도와 후원이 있었음을 깨닫는다.

2년이라는 시간 동안 꿈을 안고 달려와 이제는 내려놓아야 할 시간이다. 작은 교회 사역자들에게 훈련이 필요하다는 사실 하나만 붙들고 아무것도 모르는 상황에서 목회사관학교를 시작했다. '학교'라고 하면 연구의 결과로 정해진 커리큘럼이 있어야 하는데 라마나욧선교회 목회사관학교는 커리큘럼도 없이 무모하고 담대하게 발을 디뎠다. 2년 동안 함께한 목회자들을 졸업시킨다고 하니 꿈만 같았다. 한 분, 한 분 모두 축복하고 싶었다. 각자가 가슴앓이를 하면서 출발해 졸업하는 순간까지 견뎌 오셨기에 대견하고 감사했다.

2년은 결코 짧지 않았다. 위기도 있었다. 준비되지 않은 사관학교의 진행방법이 사관생도들을 힘들게 했을 것이다. 하지만 교수님들의 헌신적인 봉사와 후원에 힘입어 사관생도들의 열정을 날개 삼아 끝까지 할 수 있었다.

사관학교 교수님 한 분은 매주 전북 부안에서 오셔서 강의해 주셨다. 왕복 10시간, 사역자를 세우려는 열정이 아니

고서는 불가능한 일이다. 바쁜 일정 속에서도 멀리까지 찾아와 주시고 자상하게 가르쳐 주신 교수님의 큰 사랑을 어찌 말로 표현할 수 있을까. 게다가 모든 교수님이 자비량으로 헌신해 주셨다. 이런 헌신이 모여 사관학교 생도들이 다양한 수업을 들을 수 있었다. 모든 게 하나님의 은혜였다.

종강을 하루 앞두고 처음 소풍을 가는 초등학생처럼 가슴이 뛰고 설레는 마음을 감출 수가 없었다. 주일 사역을 마치고 몸살이 나 힘든 상태임에도 두근두근 뛰는 심장이 멈추지 않았다. 졸업한 생도들이 사역지로 나가 펼쳐갈 하늘부흥의 역사를 간절히 바라는 마음으로 기도했다.

"주님, 이분들을 축복하소서. 이분들에게 성령의 능력을 부어 주소서. 지혜를 더하소서. 주님의 마음을 가지고 영혼을 대하며 복음을 들고 담대하게 전하는 진짜 목사들이 되게 하소서."

목회사관학교 1기생들의 졸업이 얼마 남지 않은 어느 날, 연구소장이 물었다.

"목사님, 졸업생들에게 점수를 준다면 몇 점이나 주실 거예요?"

잠시 고민하다가 30점이라고 대답했다. 졸업생들이 30점을 받을 만큼 못했다는 뜻이 아니라 사관학교가 생도들에게 30점을 받을 만큼의 교육만 드린 것 같아 그렇게 대답했다. 하나님께서는 이분들에게 150점을 주셨을 것이다. 그렇게 목회사관학교는 첫 졸업생을 배출했다. 졸업생들이 목회를 어떻게 할지 걱정도 했지만 맡기고 지켜봐야 한다. 처음 기대한 복음의 야성을 회복해 진짜 목사가 되어 하나님 나라를 확장해 나가며 하늘부흥을 이루는 주역으로 모두 다 쓰임 받기를 간절히 기도했다. 이제 이들이 진정한 리더로 설 수 있도록 믿음으로 인정하며 지지하는 잉태의 시간을 가져야 할 것이다. 라마나욧선교회는 이분들을 적극적으로 지지하며 돕는 자로 남을 것이다.

졸업 후부터가 정말 중요한 시간이다. 졸업생들을 통해 하나님이 일하실 것을 믿으며 이분들의 걸음을 전폭적으로 지지해야 한다. 첫 발걸음에 좀 서툴더라도 믿음으로 지지하며 기다릴 뿐이다.

　　　나는 변방목사입니다

CHAPTER 22

오래된 고목에도
하늘부흥은 일어날 수 있다

10년이면 강산도 변한다고 말한다. 무엇이든 10년을 견디는 건 쉬운 일이 아니건만, 꿈꾸는교회가 아무 변화가 없는 곳에서 10년을 견뎌 냈다면 그건 정말 대단한 사건이다.

한 교회로부터 10주년을 맞아 감사예배를 드리는 데 설교해 달라는 부탁을 받고 기쁨으로 달려갔다. 아무것도 변하지 않는 가운데 목사님과 사모님 그리고 몇 안 되시는 성도님들이 지나오셨을 길을 가늠해 보니 가슴이 먹먹했다. 기도하는 내게 주님의 마음이 들리는 듯했다.

"잘했다, 잘했어. 내 교회를 섬기느라 수고 많았다."

주님의 꿈을 가슴에 품고 교회를 개척했는데 아무리 노력해도 부흥이 일어나지 않을 때, 그 답답함은 말로 표현할 수 없다. 주님을 섬기는 일에 가능성이 없다고 그만둘 수도 없고 앞이 보이지 않아도 달려오면서 그 시간들이 얼마나 힘드셨을까? 아마도 집에서 잠을 이루지 못하고 교회에서 철야하며 하나님께 매달리고 낮에는 혼신의 힘을 다해 전도하셨을 것이다. 아무리 결심을 단단히 하더라도 결심한 대로 되지 않으니 그런 상황에서는 힘이 더 빠지기 마련이다. 열심을 다한 만큼 실망도 커서 도전하기 힘겨운 상태에 놓일 때도 있었을 것이다.

지난 10년의 세월을 이렇게 보내며 포기와 절망과의 싸움을 하며 달려온 교회와 목사님께 온 마음을 다해 축하드리고 싶었다. 10주년을 맞은 교회의 모습이 어떨까? 설레고 궁금한 마음으로 조금 일찍 교회에 도착해 예배당 맨 앞에 앉아 기도했다.

"주님, 저를 통해 그동안 묵묵히 헌신하며 달려온 보석같은 일꾼들을 격려해 주세요. 힘을 주세요."

교회가 바빠 음식을 준비하고 찬양 연습하느라 정신이 없었다. 잠시 후 찬양이 시작됐는데 젊은 청년 네 명이 나와 인도를 했다. 이 모습을 보니 얼마나 감사하고 행복한지. 뜨거운 찬양이 고조될 즈음, 담임 목사님과 강단에 올라가 기도를 하고 자리에 앉으니 교회가 꽉 찼다. 어떻게 예배를 드렸는지 모를 만큼 기쁨으로 예배하고 성도들과 식사를 하니 그 야말로 축제다.

"할렐루야! 이게 부흥이구나."

이전 해에 왔을 때와 전혀 다른 분위기다. 모르는 분도 많고 교회가 완전히 달라져 있었다. 성도들이 새로 오셔서 리모델링을 하면서 화장실과 주방의 온수기를 바꿨단다. 식사를 마치고 목사님과 대화하는데 라마나욧선교회를 만나서 힘을 많이 얻고, 목회의 방향을 찾을 수 있었다고 말씀하셨다. 하나님이 내려주시는 단비와도 같은 말씀에 격려하러 간 내가 큰 격려를 받았다.

그동안 라마나욧이 제시할 수 있는 모델로서의 교회가 나오지 않아 얼마나 낙심했는지 모른다. 그런데 축복의 통로가 되라고 보내신 곳에서 오히려 이분들이 축복의 통로가 되어 나를 격려해 준 것이다. 늘 이렇다. 도움을 주러 가서 도움을 받고 온다. 덜 떨어져도 한참 덜 떨어진 목사다.

목사님을 처음 만난 건 춘천의 작은 교회들과 함께 한 달에 한 번 1박 2일로 부흥회와 세미나를 병행하며 섬기고 있을 때였다. 목회도 늦게 시작하시고 교회도 개척한 지 얼마 되지 않은 줄 알았는데 나중에 알고 보니 개척 7년차에 부교역자 경험도 탄탄하게 하신 분이었다.

7년째 교회를 섬기는 데 부흥이 되지 않아 여러 곳의 세미나를 다녔지만 큰 변화가 없어 답답해하던 중 우연히 라마나욧선교회와 연결된 것이다. 라마나욧과 함께하면서 목사님은 다시 목회에 열정을 불태우시며 새롭게 도전하셨고 3년이 지나 이제 축제의 열매를 맛보게 된 것이다.

사모님은 미용실을 운영하신다. 물론 자녀들과 가정을 책임지시기 위해서다. 미용실 간판을 달고 사모님은 머리가 아닌 영혼을 미용해 교회로 인도하는 분이다, 미용실은 전도하기에 최적의 장소다. 영혼 미용을 얼마나 잘하시는지 모두가 사모님을 좋아하고 존경한다. 그 누구도 사모님이 왜 미용실을 하냐고 묻지 않는다. 그분은 머리 미용을 하는 게 아니라 영혼을 미용하기 때문이다. 오늘도 그곳에서는 머리가 아니라 영혼이 미용된 사람들이 교회로 나오고 있다.

"목사님, 사람은 미안해서든 고마워서든 감동을 받아야 교회로 나와요."

실제로 사모님은 미용실에 오는 모든 사람을 감동시킨다. 미용실에 들어선 사람은 황제가 되고 여왕이 된다. 사모님을 통해 나오는 황홀한 칭찬과 끝없는 사랑의 섬김, 밤에는 교회에서 철야하고 낮에는 미용실을 꾸려가면서 지칠 만도 한데 10년이 지나도 그 열정에는 변함이 없다. 칭찬과 섬김이 익숙하지 않은 사람들은 칭찬을 하지 말라고도 하지만 어디서도 받을 수 없는 환대와 인격적인 모습에 미용실을 다시 찾게 된다. 그런 힘이 도대체 어디서 나오시는지 모르겠다.

목사님은 2년간 춘천에서부터 인천까지 사관학교를 다니시면서 한 번도 결석하지 않고 항상 제일 먼저 도착하셨다. 매주 새벽 예배를 마치고 춘천에서 인천까지 전철을 타고 오셔서 하루종일 공부하는 게 쉽지 않은 일이지만 교회의 부흥을 꿈꾸며 한결같이 달려오셨다. 사관학교에서 배운 내용을 교회에 적용하며 변화를 위해 몸부림치는 모습이 얼마나 멋졌는지 모른다.

"잘하셨어요. 수고 참 많으셨어요. 목사님 감사해요."

충성스럽게 교회를 지켜낸 아름다운 성도들에게도 감사와 격려의 말을 전하고 싶다. 이런 아름다운 헌신들이 있었기에 예배당이 가득 차고 축제와 같은 분위기로 부흥을 경험할 수 있었으리라. 이 교회의 앞날을 생각하는 것만으로도 가슴이 따뜻해진다.

하나님 나라를 위해 헌신하는 귀한 종들을 통해 은혜를 듬뿍 받고 힘을 얻어 다시 달린다. 이것이 진정한 하늘 목민관의 보람 아닐까? 크고 훌륭한 목민의 가르침을 전수해서가 아니라 하나님이 종들을 사용하셔서 펼치시는 일들을 바라보며 은혜를 받을 뿐이다. 변방의 목사는 오늘도 이렇게 당당하게 외친다.

"오랜된 고목에도 꽃이 피듯 오래 정체된 곳에도 하늘 부흥은 일어날 수 있다."

나는 변방목사입니다

길

헤매는 자는 다 길을 잃은 것이 아니다.
헤매는 길도 길이다.

고속도로를 달리던 자 시골길로 나오게 되고
시골길로 헤매던 자 고속도로로 들어가게 된다.

터널 밖에 있는 자 터널 속으로 들어가게 되고
터널 속에 있는 자 터널 밖으로 나오게 된다.

헤매는 것은 길을 잃은 것이 아니며
길임을 알아가는 과정이다.
포기하는 자는 길을 잃은 자이지만
헤매는 자는 길을 잃은 자가 아니다.

헤매 본 사람만이 정확한 길을 알 수가 있다.
_황태영

오래된 고목에도 꽃이 피듯
오래 정체된 곳에도
하늘부흥은 일어날 수 있다.

CHAPTER 23

목사의 길은 하늘 영광을 위해
떨어짐을 기뻐하는 길이다

산은 붉게 물들고 다양한 과일이 맛을 뽐내는 풍성한 계절, 오전 집회를 마치고 오후 집회를 향해 달려가면서 형형색색 물든 나뭇잎을 보며 감탄했다. 시간만 허락한다면 차를 세우고 감상하고 싶었다.

아쉬움을 품은 채 아내에게 물었다.

"단풍이 정말 멋지지 않아요?"

내 물음에 아내는 생각지도 못한 답을 했다.

"저 나무는 낙엽으로 떨어질 때 얼마나 아플까요?"

고개를 돌려 나무를 다시 쳐다봤다. 잎을 틔우고 열매를 맺기까지 한 해를 열심히 산 후 모든 걸 마무리한 상황에서 낙엽을 바라보는 나무의 심정은 어떨까? 이제 나도 희끗희끗한 머리카락이 표지판처럼 지나온 세월의 흔적을 알려 준다. 언젠가 나무에서 떨어지는 낙엽처럼 될 터인데 주저함 없이 기쁨으로 그 순간을 맞을 수 있을까? 작은 교회를 섬기다가 사역을 마치고 주님 앞으로 떠날 때, 작은 교회를 덮는 신문지 한 장의 역할에 만족하며 기쁨으로 떠날 수 있을까? 감사할 수 있을까? 다만 열매를 맺을 수 있었음에 감사하고, 마지막까지 거름이 될 수 있음에 감격하는 낙엽이 되고 싶다. 조금의 미련도, 여지도 없이 라마나욧의 땅을 덮고, 작은 교회를 덮는 그런 낙엽이고 싶다.

어디에 떨어졌는지
누가 떨어졌는지 알지도 못한 채
그렇게 초라하게 스산한 바람으로 떨어질 때
조금의 아쉬움과 아픔이 없이
온전히 기뻐하며 감사함으로 떨어지는 사람이고 싶다.

나는 변방목사입니다

감사에는 조건이 있을 수 없다는 사실을 깊이 깨닫는다. 한낱 가을의 쓰레기처럼 버려지는 낙엽도 감사할 수 있지 않을까? 한 해 동안 얼마나 수고했는데 이럴 수 있느냐 외치기보다 새로운 사역을 위해 떨어짐에 감사하며 기뻐할 수 있다면 얼마나 멋진 낙엽인가. 자신은 떨어지기 위해 세상에 왔다고 외치신 주님의 말씀이 가슴에 울린다.

> 인자가 온 것은 섬김을 받으려 함이 아니라 도리어 섬기려 하고 자기 목숨을 많은 사람의 대속물로 주려 함이니라(마 20:28).

세상이 영광의 면류관을 씌우려 할 때마다 산으로, 한적한 곳으로 가시며 "내가 이것을 위해 왔노라."고 말씀하셨던 주님, 떨어지기 위해 사셨던 주님을 깊이 묵상한다.

> 떨어지지 않으려 몸부림치지 않고
>
> 감격함으로 그날을 맞기 위해
>
> 오늘도 떨어짐을 연습하며 살아야 하지 않을까?

모세의 무덤조차 만들지 않도록 이끄신 하나님의 섭리를 기억하며 난 오늘도 기쁨으로 떨어진다. 누가 무슨 소리를 하든지 기쁨으로 떨어지련다. 멋지게 떨어지련다. 훗날, 하늘 책 사이에 숨겨진 마른 낙엽 책갈피로 주님의 기억 속에 발견되리라.

서시(序詩)

죽는 날까지 하늘을 우러러

한 점 부끄럼이 없기를

잎새에 이는 바람에도

나는 괴로워했다.

별을 노래하는 마음으로

모든 죽어가는 것을 사랑해야지

그리고 나한테 주어진 길을

걸어가야겠다.

오늘 밤에도 별이 바람에 스치운다.

_윤동주

목사의 길은
하늘 영광을 위해
떨어짐을 기뻐하는 길이다.

CHAPTER 24

자기부인을 잃어버리면
모든 일이 자기를 위한 일이 된다

잘 지은 교회가 어느 날 보면 이단에 넘어가 십자가가 떨어져 있는 걸 심심찮게 본다. 그럴 때마다 마음이 아프다. 저렇게 큰 교회를 짓느라 얼마나 많은 성도들의 땀과 헌신이 있었을까. 주님을 위해 못 먹고 못 입으면서 헌물을 드리며 뜨겁게 기도했을 성도들의 모습이 눈에 선하다. 온 맘과 온 힘을 다했건만 그 건물이 이단에 넘어가 십자가가 떨어져 있으니 목사님과 성도들의 마음이 얼마나 아플까? 도대체 왜 이렇게 된 것일까? 주님을 위한 일이라 믿고 달려왔는데 결과적으로 그렇게 느껴지지 않는 일들이 많다. 내 삶과 사역도 주님을 위한 것이라고 말하지만 잘못 생각하고 있는 건 없는지 돌아본다. 주님을 위한 것과 나를 위한 것은 어떤 차이가 있을까?

성취된 일을 통해, 내가 힘을 가지게 되었다면
그것은 나를 위한 일이다.
성취된 일을 통해, 내가 명예를 가지게 되었다면
그것은 나를 위한 일이다.
성취된 일을 통해, 내가 편해졌다면
그것은 나를 위한 일이다.
성취된 일을 통해, 내가 높아졌다면
그것은 나를 위한 일이다.
성취된 일을 통해, 내가 기도할 이유가 없어졌다면
그것은 나를 위한 일이다.

낮은 자를 세우고, 길 잃은 자로 길을 찾게 하며, 고통당하는 자에게 치료와 소망이 되고, 주님이 높아지는 사역이 되어야 한다. 주님은 흥하고 나는 쇠하여야 하리라.

오랫동안 교회를 섬기고 은퇴하시는 분들이 전별금(보내는 쪽에서 예를 차려 작별할 때에 떠나는 사람을 위로하는 뜻에서 주는 돈. 일반 기업에서 퇴직금이 있듯, 목회를 마치고 사역을 내려놓을 때 감사의 의미로 목회자에게 지급된다.)을 놓고 실랑이를 벌인다는 소식을 들을 때 가슴이 아프다. 전별금은 아름다운 제도이지만, 욕심 때문에 평생의 헌신이 변질되니 문제가 된다. 주님 앞에 설 때 얼마나 부끄러울까. 왜 평생의 헌신을 물거품으로 만들까, 하늘 보상을 믿지 못하고 땅에서의 보상만을 생각하기 때문은 아닐까? 성취된 하나님의 일에 만족하고 쓰임 받을 수 있었음에 감사하며 겸손히 자신을 낮출 수 있다면, 세상의 명예를 내려놓고 더 깊은 기도의 자리로 나아가 하나님의 뜻을 구하는 자가 된다면 하나님이 얼마나 기뻐하실까? 예수님이 배고픈 이들을 위해 오병이어의 기적을 베푸시고 자신을 왕으로 삼으려는 백성들을 피해 산으로 올라가 기도하셨던 것처럼 말이다. 지금은 예수님을 닮은 리더들이 사모되는 때다.

나는 그렇게 살 수 있을까? 성취된 일로 힘을 가지려 하고, 높아지려 하며, 기도의 자리를 바쁨과 바꾸려 하지는 않을까? 잘못하는 자들을 향해 쉽게 욕할 수는 있지만 예수님의 모습을 닮아가는 건 결코 쉽지 않다. 끝까지 자기를 부인하지 않으면 도저히 갈 수 없는 길이다.

간혹 쉽게 넘어질 때가 있다. 라마나욧선교회의 대표라는 이유로 높은 자리에 앉게될 때 그 자리를 당연하게 받아들이고 있음을 느끼며 깜짝 놀라곤 한다. 위험한 자리인 줄 알고 섬김의 자리, 희생의 자리, 세워줌의 자리가 되어야 하는데 힘의 자리, 높임의 자리, 편함을 누리는 자리로 뒤바뀌는 일이 얼마나 많았는지 모른다. 나를 위한 자리와 주님을 위한 자리는 종이 한 장 차이다.

오! 주여,
저의 품은 뜻이 주의 뜻같이 되게 하여 주시옵소서.
당신의 품은 뜻과 저의 품은 뜻이 매우 다른 것을 저는 발견하였습니다.

주여 당신은 밀알 하나 속에도
진리가 감추인 것을 보시건마는

나는 변방목사입니다

저는 밀알 하나를 볼 때에 먹고자 하여

충복(充腹, 음식의 좋고 나쁨을 가리지 아니하고 고픈 배를

채움)에만 생각이 미치게 되었나이다.

주는 꽃 하나를 보시고 노래하셨으나

저는 다만 꺾어 보려는 호기심만 날 따름이외다.

주께서는 죄인을 보시고

그 영을 불쌍히 여겨 구하려 하시나

저는 그를 싫어하여 피하게 되오며,

당신은 창기를 보시어 그 영까지 불쌍히 여기시나

저는 창기를 볼 때 무섭고 미운 생각만 나오니,

제게도 주의 자비가 있게 하소서.

주께서는 만물의 진리를 요구하시나

저는 만물의 물질에 이끌리고 있사오며,

주께서는 인간에게 진리로 찾아오시나

저는 인간에게 육정으로 대하는 자 같나이다.

주여 제 눈을 열어서 당신이 보신 바 만물의 진리를 저도

보게 하여 주시옵고,

주여 당신이 사시는 진리 세계에

저도 살게 하여 주시옵소서.

주여 저는 아침부터 저녁까지 도모하는 것이 무엇이며

하는 일이 무엇입니까?

오! 주여 저를 구원하여 주시옵소서.

_손양원 목사

누가 주님처럼 살 수 있을까? 모두가 구원이 필요한 사람
일 뿐 아닌가? 누가 힘을 가지고 명예를 누리며 편함의 자리
로 간 사람을 욕할 수 있을까? 그 사람이 바로 내가 될 수도
있다는 사실을 깨달아야 한다. 그래서 사도 바울은 "나는 날
마다 죽노라." 고백했다. 오늘도 나를 부인하지 않으면 주님

　　　　　　　　나는 변방목사입니다

을 위한 것이 나를 위한 것으로 돌변한다. 이것이 주님을 따르는 제자가 걸어야 할 길이다.

마지막까지 자기를 부인하며
주님을 위한 자로 서게 하소서.

CHAPTER 25

하나님은 하늘부흥을 꿈꾸는 사람을 찾으신다

지난 20여 년 동안 새해의 시작과 함께 10일간 금식하며 기도를 해 왔다. 이번 해에도 역시 하나님 앞으로 나아갔다. 금식 5일째, 새벽에 이런 기도를 했다.

"아버지 저는 다른 소원이 없습니다. 아버지의 부흥을 주옵소서. 하늘부흥을 주소서!"

몇 번을 외치며 간절함으로 기도하는 데 눈에서 눈물이 흐르기 시작했다. 얼마 전, 눈이 충혈되면서 눈물샘이 말라 불편했다. 안구건조증 때문에 아침저녁으로 안약을 넣어야만 조금 나아졌었는데 하나님이 기도에 응답하시며 그 표징으로 눈물샘을 열어 주셨다. 찬양이 흘러나왔다.

들어 주소서 나의 주여

내 영의 소원을 살피소서.

주가 주신 나의 이 생명 주 뜻대로 이끄사

어두워진 이 세상에 참 빛 되게 하소서.

썩어 가는 이 세상에 소금되게 하소서.

흐르는 눈물과 함께 이 찬양이 가슴을 적셨다. 나는 달리
바라는 게 없다. 사람이기에 높아지고 싶고, 많이 소유하고
싶고, 명예를 얻고 싶은 욕망이 없는 건 아니지만, 이상하게
크게 다가오지는 않는다. 반면에 하늘부흥이 일어나기를 소
망하는 마음은 너무나 크다. 다른 사람은 몰라도 하나님은
이 마음을 알아주셨다. 그래서 얼마나 기뻤는지 모른다. 새
벽기도를 마치고 룻기 말씀을 묵상했다.

보아스가 그에게 대답하여 이르되 네 남편이 죽은 후로 네
가 시어머니에게 행한 모든 것과 네 부모와 고국을 떠나 전

에 알지 못하던 백성에게로 온 일이 내게 분명히 알려졌느니라(룻 2:11).

이방 여인 룻은 남편이 죽었음에도 나이든 시어머니 나오미를 섬기기 위해 자신의 나라와 부모에게 돌아가지 않고 생면부지의 땅으로 거주지를 옮긴다. 나오미를 향한 룻의 사랑과 믿음, 충성의 마음을 보아스의 입을 통해 말씀하고 계시는 장면이다. 이 말씀이 마치 하늘부흥 하나를 바라며 달려온 나의 충성됨을 인정해 주시는 말씀처럼 들려진다. 언제나 처음 마음을 잃지 않고 하늘부흥을 꿈꾸는교회에 부흥을 허락해 달라고 부르짖는 나에게 하나님은 이렇게 찾아와 말씀하셨다.

"분명히 알려졌느니라."

얼마나 황홀한지 날아갈 것 같았다. 새벽기도를 하며 터졌던 눈물이 다시 터졌다. 감격의 눈물이었다. 나의 진심을 받아 주시는 하나님이 계시다는 사실이 얼마나 감사한지, 이렇게 한 번 터진 눈물샘은 멈출 줄 모르고 계속해서 흘러내렸다. 하늘부흥은 내 꿈이 아니라 하나님이 원하시는 꿈임을 확증해 주셨다. 인간의 잔재주가 아닌, 원초적인 하나님의 능력으로 말미암는 부흥. 나는 이 하늘부흥을 갈망한다. 하나님께서는 나를 하늘부흥의 목사로 만드시려고 다른 것을 구할 수 없는 사람으로 만드셨다. 내게는 지식도, 능력도, 은사도 특별한 것이 없다. 그래서 오늘도 절절한 심정으로 하늘부흥을 구해야 한다.

이 땅에 부흥의 샘물을 여실 표징으로 말씀과 눈물을 허락하신 하나님의 은혜를 찬양한다. 기대가 된다. 하늘부흥이 일어난다. 작은 교회라서 안 되는 것이 아니라 작은 교회이기에 하늘부흥이 일어난다. 부흥을 잃어버린 열방의 교회들을 향하여 주님은 말씀하고 싶어 하신다.

룻은 이방의 여인이자 과부로, 자식도 없이 오직 시어머니의 하나님을 나의 하나님으로 믿고 하늘부흥을 소망하며 이스라엘 땅으로 왔다. 이스라엘 총회에 들어올 수 없는 모압 여인이었으나 모든 것이 불가능한 자리에서 모든 것을 일으키며 부흥을 경험한다. 이것이 하늘부흥이다. 이 부흥은 온 세상으로 힘을 얻게 하며, 희망이 샘솟게 한다. 나는 이 하늘부흥을 소망하며 외치는 목사다. 아직은 섬기는 교회 안에

만족할 만한 하늘부흥이 일어나지 않아 답답하지만 멈추지 않고 하늘부흥을 꿈꾸며 오늘도 이 길을 걸어간다.

하나님은 이날 내게 응답하시며 진심을 알아주셨다. 그래서 기대가 된다. 내 가슴이 뛴다. 하늘부흥이 어떻게 일어날지 궁금하다. 이런 시각으로 성경을 보니 하늘부흥이 아닌 곳이 없다. 나이를 초월하고 민족을 초월하고 학벌을 초월하며 지역을 초월하고 시대를 초월해서 하나님은 하늘부흥으로 그들을 일으켰다.

노예, 어부, 살인자, 간음한 자, 도망자, 왕족, 과부, 여인, 핍박자, 의사, 농부, 서자, 이방인, 창녀, 세리, 마음이 여린 자, 성질이 급한 자, 포로, 감옥에서, 광야에서, 외국에서, 하나님의 총회에 들어오지 못하는 자, 그가 누구든 형편이 어떠하든 시대를 초월해 하늘부흥을 이루셨다.

하나님은 시들해진 조국교회와 열방을 다시 뜨겁게 적셔 교회를 교회되게 하고 열방을 그리스도께로 돌아오게 만드실 것이다. 이 거룩한 하나님의 꿈을 이루는 통로가 라마나욧선교회가 되기를 간절히 기도한다.

하나님은 하늘부흥을
꿈꾸는 사람을 찾으신다.

CHAPTER 26

목사여,
삶이 담겨진 말씀을 전하라

금식할 때는 반드시 운동을 해야 한다고 배웠기에 금식하는 동안 하루에 한 번 산에 올랐다. 금식이 중반을 넘어서고 컨디션이 좋지 않은 날에는 오르막길에서 한 걸음 떼기가 쉽지 않다. 갈림길마다 돌아서고 싶고 이 정도면 되었다고 합리화하기도 했다. "금식할 때는 운동을 꼭 해야 한다."는 말을 삶으로 실천하려면 자신과의 엄청난 싸움이 필요하다. 말과 삶에는 매우 큰 간격이 존재한다. "말이 씨가 된다."는 속담이 있는 것처럼 말에는 능력이 있다. 성경에서도 말과 관련된 말씀이 있다.

죽고 사는 것이 혀의 힘에 달렸나니 혀를 쓰기 좋아하는 자
는 혀의 열매를 먹으리라(잠 18:21).

혀는 곧 불이요 불의의 세계라 혀는 우리 지체 중에서 온
몸을 더럽히고 삶의 수레바퀴를 불사르나니 그 사르는 것
이 지옥 불에서 나느니라(약 3:6).

두 구절을 종합하면 죽고 사는 것이 혀, 곧 말의 권세에 달
렸으며 말은 삶의 수레바퀴를 불사르는 능력이 있을 정도라
고 말한다. 하지만 말의 홍수시대에 아무리 좋은 말을 하고,
유익한 말을 해도 그 능력이 나타나지 않는다. 좋은 말과 유
익한 말, 새로운 정보가 넘쳐나는 데 왜 점점 사람살기는 어
려운 세상이 되고 있을까?
　말에 삶이 담기지 않았기 때문이다. 삶이 담기지 않은 영
혼 없는 글들을 퍼 나를 뿐이기에 그 말은 허공을 치며 날아
가는 안개와 같은 것뿐이며 오히려 그 말로 인해 진정한 말
의 능력마저 사라지고 있는 것이다. 빈자의 성녀 테레사 수
녀는 이런 말을 남겼다.

세상에는 빵 한 조각 때문에 죽어 가는 사람도 많지만 작은 사랑도 받지 못해서 죽어 가는 사람은 더 많습니다. 얼마나 많이 주는가 하는 것은 중요한 것이 아닙니다. 작더라도 그 안에 얼마만큼 사랑과 정성이 깃들어 있는가가 중요합니다. 다만, 작은 일을 큰 사랑으로 할 뿐입니다.

"작은 일을 큰 사랑으로 할 뿐입니다."라는 말은 얼마나 멋진가? 그래서 이 말이 여기저기 인용된다. 그러나 힘은 별로 없다. 그저 '좋은 글이구나!' 정도에 그치고 만다. 하지만 테레사 수녀가 직접 이 말을 한다면 어떨까? 달라진다. 수많은 사람들이 작은 일을 큰 사랑으로 실천하는 파장을 일으킬 뿐 아니라 많은 사람들로 감동의 눈물을 흘리게 한다. 왜 그런가? 그녀가 작은 일을 큰 사랑을 가지고 실천해 온 빈자의 성녀이기 때문이다.

여기저기 화려한 말을 편집해 자기 말처럼 전하는 사람은 세상에 너무도 많다. 그래서 글을 쓰면서 고민이 많았다. 나 같은 사람이 책을 써도 되는 것인지 이 사람, 저 사람에게 물었다. 나 역시 세상 사람들과 다를 바 없이 삶과 관계없는 화려한 말만 늘어놓는 사람이 되지는 않을지 두려웠다.

그럼에도 감히 글을 쓰는 이유는 삶이 담긴 말을 하고 싶기 때문이다.

> 말을 삶과 붙이기 위해 겪어야 하는
> 수많은 유혹을 이겨 내며
> 실제적인 아픔과 고충을 충분히 이해하면서
> 세상을 어루만지는 말을 하는 목사가 되고 싶었다.

라마나욧선교회가 말씀을 삶으로 나타내는 목사를 세우는 곳이 되고 그렇게 세워진 목사님들이 살아 있는 말씀으로 이 땅에서 하늘부흥을 이루시기를 간절히 소망한다.

CHAPTER 27

작음을 부끄러워 말고
작음의 희망과 창조력을 발견하라

이삼십 대를 가리키는 표현 중 'N포 세대'라는 말이 있다. 삼포, 오포를 넘어 꿈과 희망 그리고 삶의 모든 가치를 포기한 세대를 일컫는 말이다. 이삼십대가 어떤 세대인가? 꿈만으로도 살 수 있는 황금 세대다. 그런 청년들이 작아서 못한다고 외친다. 목사로서 마음이 아프다. 청년들이 희망을 갖지 못하게 된 근본 원인은 바로 교회에 있다. 세상의 빛인 교회마저 작으면 희망이 없고 커야만 희망이 있다고 외치기 때문이다.

"작아서 안 됩니다."

"작아서 희망이 없습니다."

"왔다가도 작다고 그냥 갑니다."

이런 말을 처음 들었을 때 정말 그런 줄 알았다. 작은 교회를 섬기라고 라마나욧선교회로 부름을 받았는데 작은 교회를 만나며 절망스런 이야기를 들을 때마다 나도 절망이 됐다. 하나님은 왜 이런 자리로 나를 부르셨는지 답답하기도 했다. 하지만 이 말은 진실이 아니었다. 나는 하나님이 예레미야를 부르신 말씀 속에서 희망을 찾았다.

> 여호와께서 내게 이르시되 너는 아이라 말하지 말고 내가 너를 누구에게 보내든지 너는 가며 내가 네게 무엇을 명령하든지 너는 말할지니라(렘 1:7).

"너는 아이라 말하지 말라."는 말씀이 큰 소망이 되었다. 예레미야는 부르신 사명을 감당하기에 작아서 못한다고 하는데 하나님은 그에게 작아서 못한다고 하지 말라고 말씀하신 것이다.

그리스도가 머리인 교회가 외형이 작다고 해서 작은 것인가? 초대교회는 무덤 속에서 어떻게 부흥을 이루었는가? 제대로 된 시설도 갖추지 못했던 중국의 교회는 어떻게 부흥을 이룬 것인가? 한국 교회는 규모가 커서 지금의 부흥을 이루었는가?

교회의 역사와 성경의 인물들을 생각해 보니 성경 전체는 작은 이들에 의한 역사, 즉 하늘부흥의 역사였음을 깨닫게 됐다. 하나님은 오히려 큰 것을 작게 만드셔서 부흥을 만들어 내셨다. 그게 바로 성경의 역사였다. 작아서 안 되는 게 아니라 작기에 가능한 것이다.

하나님은 이스라엘 백성을 구원하기 위해 왕궁에 있던 모세를 부르시지 않고 광야에서 40년을 고생시킨 후 그가 완전히 작아진 후에야 사용하셨다.

하나님은 온 세상을 구원하시기 위해 예수님을 보내셨고, 예수님은 아무도 예상치 못한 말구유에서 태어나셨다. 예수님의 탄생을 예견했던 동방의 박사들은 당연히 왕궁에서 구세주가 태어나리라 생각하고 왕궁을 찾았지만 예수님은 그곳에 없으셨다.

가장 작게, 가장 낮게 이 땅에 오셨다. 게다가 자신에게 허락된 사명을 감당하기 위해 명문가의 힘 있고 권세 있는 자들을 택하지 않으시고 갈릴리의 작고 초라한 이들을 선택하셨다. 그것도 백만 대군이 아닌 단 열두 명을. 예수님은 너무도 초라하게, 작게 시작하셨다. 보혜사 성령님은 어떠셨는가? 크고 화려한 성전이 아니라 보잘 것 없는 마가의 다락방에 임하셨다.

사람들은 큰 것이 좋다, 큰 것에 희망이 있다고 말한다. 일명 '규모의 경제'에 빠진 것이다.

독일 태생의 영국인 경제학자인 E. F. 슈마허는 『작은 것이 아름답다』에서 이렇게 말했다.

작은 것은 자유롭고 창조적이고 효과적이며 편하고 즐겁고 영원하다.

작음 안에는 자유가 있다. 창조력이 있다. 즐거움과 행복이 있다. 작음은 포기의 이유가 아니라 창조의 이유가 된다. 작음은 절망의 이유가 아니라 희망의 이유다. 작음은 괴로움의 이유가 아니라 즐거움의 원인이다.

나는 변방목사입니다

세상은 작아지고 있다. 이 시대를 나노시대(1/1,000,000,

000[10-9]을 의미하는 접두어 '나노'라는 말은 난쟁이를 뜻하는 고대 그

리스어 '나노스'에서 나왔다. 나노의 특징은 한마디로 눈에 보이지 않을 정

도로 작다는 것이다.)라고도 일컫는다. 세상은 작음에서 희망을

찾고 있는데 교회는 작아짐에서 절망하고 있다. 세상은 더

작아야 산다고 말하는 데 교회는 작으면 희망이 없다고 말한

다. 한때 큰 것은 비싼 것이고 작은 것은 싼 것이었다. 그러

나 시대가 바뀌었다. 이제는 작은 것이 비싼 것이고 큰 것이

싼 것이다. 가치관의 변화가 필요하다. 작음을 부끄러워 말

고 작음의 유용함을 알아야 한다. 작음만이 가지는 간절함을

통한 창조력을 발휘해야 한다. 작음만이 가지는 여유와 행복

을 발휘해야 한다. 작음만이 누리는 희망을 말해야 한다. 세

상이 아무리 큰 게 좋다고 외쳐도 교회는 작음의 희망을 외

쳐야 한다. 희망을 붙들고 일어서야 한다.

모세가 일어서듯, 예레미야가 일어서듯 교회가 그렇게 일

어서야 한다. 나는 꿈꾼다. 이렇게 일어선 작은 교회들이 이

땅을 덮고 온 열방을 덮어가기를 꿈꾼다. 작음이 희망이다.

둑을 무너뜨리는 것은 큰 구멍이 아니라 작은 틈새다. 작은

틈새로부터 거대한 둑을 무너뜨리는 일이 시작되듯 하늘부흥은 작음에 절망하거나 부끄러워하지 않고 그 틈새를 찾아가는 자들로부터 시작될 것이다.

라마나욧은
작음의 희망을 발견하는 곳이다.
라마나욧은
작음의 창조력을 회복하는 곳이다.
라마나욧은
작음의 기쁨을 누리며 예수님 안에
있는 하늘부흥을 향해 출발하는 곳
이다.

나는 변방목사입니다

CHAPTER 28

집 안의 조명을 넘어
세상의 가로등이 되게 하라

새벽 어스름한 시간, 오전 7시에 시작되는 직장인 예배를
인도하기 위해 집을 나섰다. 열심히 차를 몰아 예배장소를
향해 달렸다. 도심을 지나 가로등이 없는 어두운 도로에서
상향등을 켜고 천천히 달리는 데 급회전 도로에 유일하게 세
워 둔 가로등이 꺼져 있었다. 90도 가까운 커브 길에 가로등
이 꺼져 있어 하마터면 사고가 날 뻔했다. 가로등 하나 꺼져
있을 뿐인데 이렇게 위험하다니 순간 수많은 생각이 스쳤다.
예배장소에 도착해서도 이 생각이 머리를 떠나지 않는다.

"꺼진 가로등을 다시 켜야 한다."

예배를 드리며 부른 찬송이 이 생각을 더 분명하게 만들었다.

아침 해가 돋을 때 만물 신선하여라
나도 세상 지낼 때 햇빛 되게 하소서
주여 나를 도우사 세월 허송 않고서
어둔 세상 지낼 때 햇빛 되게 하소서

"너희는 세상의 소금이니 소금이 만일 그 맛을 잃으면 무엇으로 짜게 하리요 후에는 아무 쓸 데 없어 다만 밖에 버려져 사람에게 밟힐 뿐이니라 너희는 세상의 빛이라 산 위에 있는 동네가 숨겨지지 못할 것이요(마 5:13-14)."라는 말씀이 떠오른다. 현대어 성경은 이렇게 번역하고 있다.

너희는 세상의 소금이다. 그런데 소금이 그 맛을 잃으면 어떻게 다시 짜게 할 수 있겠느냐? 그런 것은 아무 쓸모가 없어 밖에 버려져 사람들에게 짓밟힐 뿐이다.

나는 변방목사입니다

너희는 세상의 빛이다. 산 위에 있는 마을은 잘 보이기 마련이다(현대인의성경).

모든 사람이 볼 수 있도록 밤에 불을 밝혀 둔 언덕 위 마을이 거룩한 빛을 소유한 성도이며 교회라는 말이다. 나는 작은 교회의 하늘부흥을 이루도록 교회와 사역자를 섬기는 목사다. 아무 준비 없이 사역을 시작한지 7년이 넘었다. 작은 교회들에게 부흥의 가로등이 되라며 나를 부르셨고 작은 교회의 희망이 되기 소망하며 라마나욧선교회 사역을 이어 가고 있다. 쇠락해 가는 교회에 쇄신의 가로등이자 죽어 가는 영혼들에게 구원의 가로등이 되라고 이 자리에 부르셨다.

벤자민 프랭클린은 자신이 거주하던 필라델피아 시민들에게 도움이 되는 일을 하고 싶어 아름답고 좋은 등을 하나 준비해 집 앞에 두었다. 등불은 집 안에 두어야 하는 것인데 집 밖에 두었기 때문에 사람들은 낭비라고 생각했다. 그러나 한 주가 지나고, 한 달이 지나자 사람들은 뭔가 깨닫기 시작했다. 집 밖에 등불을 두니까 밤에 지나가는 사람도 넘어지지 않았다. 멀리서도 방향을 알 수 있었다. 밤길이 그렇게 무섭지 않았다. 그리고 사람들이 하나 둘씩 집 밖에 등불을 두기 시작했다. 길거리가 밤에도 환해졌다.

오늘날 가로등의 시작은 이렇게 된 것이다. 만약 길거리에 가로등이 없다면 어떻겠는가? 가로등은 벤자민 프랭클린이라는 한 사람이 주변 사람들을 위하여 집 안에 있던 조명을 집 밖을 밝히는 등불로 둠으로써 생겨나게 된 것이다.

_(벤자민 프랭클린 일화 중에서)

리더 한 사람의 선한 움직임이 도시를 바꾸고 나아가 전 세계를 변화시키는 위대함을 발휘했다. 지금은 가로등이 설치되지 않은 도시는 없다. 마찬가지로 오늘날 교회가 없는 도시는 별로 없다. 그런데 도시가 환하지 않다. 혹시 가로등이 꺼진 건 아닐까? 빛 되신 예수 그리스도의 복음이 꺼지고 세상적인 복음으로 채워진 교회가 생겨난 게 아닐까?

주에게서는 흑암이 숨기지 못하며 밤이 낮과 같이 비추이나니 주에게는 흑암과 빛이 같음이니이다(시 139:12).

예수 그리스도는 빛이다. 언제나 어디서나 빛이다. 흑암을 밝히는 진정한 가로등이다. 가로등을 다시 켜야 한다. 교회가 빛이신 예수 그리스도를 자신을 비추는 조명등으로만 사용해서는 안 된다. 직무유기다. 집 밖으로 내놓아야 한다. 집에 넣어 둔 가로등을 다시 꺼내야 한다. 세상이 반응하지 않는다고 해서 가로등을 꺼서는 안 된다. 고장 난 가로등을 수리하고 교회만을 비추는 조명등을 원위치로 돌려놓아야만 한다.

라마나욧선교회는 전기가 공급되지 않는 가로등, 고장이 난 가로등, 제품 불량으로 꺼져 버린 가로등을 수리해 세상 어둠을 밝히는 구원의 가로등, 세상을 새롭게 하는 쇄신의 가로등, 시대를 일으키는 부흥의 가로등이 될 수 있도록 도울 것이다.

교회 안의 조명을 넘어
세상의 가로등이 되게 하라.

CHAPTER 29

부요의 시대,
진짜 명품 목사가 되라

양과 사자가 편을 갈라 싸웠다. 양의 군대 지도자는 사자요, 사자의 군대 지도자는 양이었다. 이 싸움은 하나 마나 한 싸움처럼 보인다. 싸움의 결과는 어떻게 됐을까? 모두의 예상과 다르게 양의 군대가 승리를 한다. 어떻게 양이 사자를 이길 수 있었을까? 양이 이길 수 있었던 건, 양을 이끄는 리더가 진정한 사자였기 때문이다. 사자는 양들을 사자처럼 세웠고, 사자를 이끌던 양은 사자들을 양처럼 세웠다. 그 결과 양은 사자처럼 달려들었고 사자는 양처럼 도망을 갔다.

세상은 사자처럼 강해져 있는데 이에 맞설 우리의 리더는 양처럼 약해져 있다. 학자의 이야기도, 통계의 결과도 아니다. 그저 변방목사가 변방에서 외치는 소리다.

"리더가 양이 되어 버렸다. 목사가 양이 되어 버렸다."

사자가 된 성도가 무서워 말도 못하는 그런 리더가 되어 버렸다. 이 통탄할 시대의 위기를 다른 것으로는 극복할 수 없다. 영적 리더인 목사들이 회개하며 진정한 사자로 거듭나야 한다. 영적 리더가 바로 서야 세상이 바로 선다. 이런 리더를 세우는 목회사관학교가 되기를 간절히 소망한다. 이제까지 실패했다. 하지만 나는 다시 도전한다. 진짜 목사를 세우는 이 일을. 길이 없으면 수풀을 헤치며 나아갈 것이다. 아니 가야만 한다. 주님이 명하셨기에 말이다.

라마나욧선교회의 비전은 '진짜 목사(Real Pastor)'를 세워 하늘부흥을 이루게 하는 것이다. 2014년, 비전을 실현하기 위해 아무 준비 없이 목회사관학교라는 목회자 재교육 프로그램을 시작했다. 하늘부흥은 사람을 통해 일어난다. 하늘부흥을 꿈꾸는 내게 진짜 목사가 된다는 건 내 삶의 전부다. 예수님의 형상과 예수님의 향기와 예수님의 말씀이 삶 속에 묻어나는 목사가 되고 싶다. 결정적인 순간에 인간적인 향취만

나는 목사가 아니라, 예수님의 형상을 나타내는 목사가 되고 싶다. 완전하진 못해도 말씀의 기준 앞에 잘못을 회개하며 말씀으로 돌아가는 목사가 되고 싶다.

목회를 할 때 한 사람을 제자로 세우기 위해 날마다 코피를 쏟으며 제자훈련을 했다. 단 한 사람만이라도 주님을 닮은 제자가 되기를 소망했지만 이 일은 완전히 실패했다. 내가 주님을 닮은 제자가 되지 못했으니 당연한 결과였다. 그러나 다시 도전한다. 열방을 변화시킬 진짜 목사를 세우는 이 일에 다시 도전장을 낸다. 제자들을 대상으로 삼지 않고 이제는 나를 변화시키려 한다. 나부터 예수님의 형상을 닮고 싶다.

진짜 목사는 실수가 없는 목사가 아니다. 진짜 목사는 인격이 완성된 목사가 아니다. 진짜 목사는 실력이 탁월한 목사가 아니다. 진짜 목사는 말씀 앞에 서서 그 말씀에 반응하며 영혼을 향하여 그 말씀을 가감 없이 외치는 목사다.

라마나욧선교회 부설 목회사관학교는 신학교가 아니다. 자격증이나 명예를 주기 위해 세워진 기관이 아니라 오직 목회자들을 재교육함으로써 예수님을 닮아가도록 만들기 위해 세워진 훈련소다.

오늘날의 교회 위기는, 곧 리더의 위기라고 감히 말하고 싶다. 변방을 전전하며 뼈저리게 느끼는 현실이 그렇다. 리더가 분명한 비전을 제시하지 못하고 비전에 합당한 주님의 마음을 실천하지 못하여 자초한 위기이다. 시대가 부유해져서 위기가 온 것이 아니다. 오히려 부유해질수록 진짜를 찾기 마련이다.

가난할 때는 가짜를 선용하지만, 부유해지면 가짜를 무시하고 진짜 명품을 찾는다. 지금 시대는 진짜 리더를 찾고 있다. 리더는 선택해야 한다. 과거처럼 가짜만 소유해서는 절대로 리더가 될 수 없다. 진짜를 들고 나와야 한다. 시대가 원하는 진짜를 들고 나오면 이전보다 더 위대한 부흥이 일어날 것이다. 나는 그렇게 믿는다. 가난 속에 나온 부흥보다 부요란 광야 속에 나온 부흥이 더 값지지 않겠는가?

지금까지 다양한 사역자들을 붙여 주셔서 라마나욧선교회를 달려오게 하셨다. 그리고 이제는 구체적인 그림을 그릴 수 있도록 인도하시고 계신다. 진짜 목사로서 필요한 것이 무엇일까? 무엇을 훈련해야 진짜 목사가 될 수 있을까? 이것을 위해 무엇을 해야 할까? 목회사관학교는 신학교가 아니다. 목회자들을 재교육시키는 장이다. 경건한 리더를 세우는 이곳에서는 네 가지를 중점으로 훈련한다.

첫째, 주님의 음성을 듣고 자신을 굴복시키는 경건의 훈련이다. 가장 핵심이 되는 훈련과정으로 2년, 4학기 동안 훈련을 반복한다. 물론 훈련만으로 사람이 변하지 않지만 주님이 시작하신 일이기에 훈련하는 동안 리더들은 경건의 사람으로 세워져 갈 것을 믿는다.

둘째, 성경을 읽고 성경적 가치관을 심는 훈련이다. 목사는 변화하는 세상의 가치 앞에서 변하지 않는 진리인 성경의 핵심을 잘 이해해야만 한다. 성경 자체를 읽어내며 성경적 가치관으로 무장하여 세상을 분별하고 기준을 잡아 주어야 한다.

셋째, 설교 훈련이다. 하나님의 말씀을 세상에 들려지도록 전달하는 훈련을 할 것이다. 목사는 설교자로서 훈련되어야 한다. 마음만 있고 전달할 수 없다면 그것은 매우 안타까운 일이다.

넷째, 독서 훈련이다. 목사는 세상을 향해 복음을 전하는 자이므로 세상을 이해하고 시대를 읽어내는 능력을 키워야한다. 독서는 바로 세상과 사람을 이해하는 능력과 시대를 읽는 능력을 갖추는 좋은 도구이다.

많은 시행착오가 있겠지만 중단은 없을 것이다. 시행착오를 배움 삼아 더욱 섬세하게 세워 갈 것이다. 주님이 부르시는 날까지 이 길을 걸어가면서 오직 주님을 닮은 진짜 목사가 되고 진짜 목사를 세우는 목회사관학교가 되도록 할 것이다. 설교하기 위해 성경 보는 목사가 되면 끝이다.

주님의 음성을 듣고 싶어서 사모하는 심정으로 말씀을 대하며 그 음성에 스스로 반응하며 전율하고 그렇게 몸부림 친말씀을 세상에 전해야 한다. 그리고 그렇게 온 몸으로 들려진 말씀이기에 양들을 사모함으로 만나는 행복한 목사가 되어야 한다.

바쁨이란 유혹의 콩고물에 휩쓸리지 않고 하나님의 음성앞에 서는 경건한 목사, 주님의 소리를 들려지도록 전하는 목사가 되고 그런 목사가 세워지기를 간절히 기도한다. 세상이 기대하는 Real(진짜) 목사이다.

CHAPTER 30

성경적 가치관을
세상 가운데서 확장시켜라

이 시대 작은 교회 사역자들이 환경과 조건에 좌절하고 있다. 진정한 부흥은 변방에서 시작된다는 사실을 명심했으면 한다. 이등병 시절, 부대에 교회를 지으라는 소리가 말도 되지 않는다고 생각했지만 하나님은 그 일을 너무나 멋지게 행하셨다. 변방은 하나님을 경험하는 자리다. 다시 말해 하늘부흥이 일어나는 자리다. 하나님은 하늘부흥을 이루고 싶어 하신다. 인간이 가지고 있는 학문과 기술과 숫자로 만들어진 부흥이 아니라 하나님이 펼치시는 능력 앞에 무릎 꿇게 만드는 하늘부흥을 소망하신다.

매년 새해가 시작되고 10일간 금식하며 기도할 때, 하나님은 항상 눈물을 흘리게 하셨다. 그만큼 하나님이 소원하고 계시다는 것 아니겠는가. 개척의 자리, 시작의 자리가 화려했던 시대가 있던가. 화려함이 없어 부흥이 일어나지 않는다고 말할 수 없는 이유다. 문제는 하나님의 계획보다 당장의 생계를 더 중요하게 여긴다. 하나님은 도대체 어디로 가셨는가? 변방목사들이 되라. 초대교회의 야성을 회복하라. 하늘부흥을 꿈꾸며 부르짖으라.

과연 광야에 사람이 모일 수 있을까? 세례 요한은 광야에서 살았고, 광야에서 목회했다. 세례 요한은 예루살렘에 살던 사람들을 광야로 모이게 했다. 그것이 하늘부흥이다. 광야에서도 하늘부흥은 얼마든지 일어날 수 있다. 수많은 전자악기와 화려한 퍼포먼스를 펼치는 예배자들이 모인 곳이어야 부흥이 일어나는가? 절대 그렇지 않다. 하나님을 예배하는 자가 있는 곳에는 숫자와 관계없이 얼마든지 하늘부흥이 일어난다. 하나님이 그렇게 하신다. 힘을 내라. 야성(野性)을 가져라.

나는 작은 교회의 성공 노하우를 전하려는 게 아니다. 오직 성경적 가치관을 전하려 했다. 성공을 좇고 있는 사람들에게는 진부하고 식상한 이야기로 들릴지 모른다. 한 영혼을 천하보다 귀히 여기라는 말을 모르는 목사가 어디 있겠는가? 그런데도 당연한 소리를 왜 하는가? 목회 현장과 삶의 현장을 비교해서 살펴보라. 당연하게 여겨지는 이 가치를 가슴에 품고 삶에서 실천하고 있는가? 지구가 돈다는 말이 진리인 이유는 오늘도 지구가 돌고 있기 때문이다.

한 영혼을 천하보다 더 귀하게 여기는 목사가 되라. 물론, 삶이 곧 진리가 되도록 살아가는 건 결코 쉽지 않다. 나 역시 어머니로부터 뼈에 새겨지도록 전수받았지만 눈에 보이는 대로 행할 때가 한두 번이 아니었다. 그래서 나는 변방목사다. 하지만 포기하지 않는다. 한 영혼, 그가 누구이든 천하보다 귀하게 대할 수 있을 때까지 기도하며 말씀 앞에 무릎 꿇는다.

주님이 사마리아 여인을 만나시듯, 현장에서 잡힌 간음한 여인을 대하듯 그렇게 할 수 있는 날을 몸부림치며 사모하고 있다. 이것이 내가 전하고 싶은 진정한 가치관이다. 이 가치를 가슴에 담아야 한다.

많은 목회자가 성공 노하우를 배우러 이곳저곳을 기웃거린다. 가슴이 아프다. 이해를 하지 못하는 건 아니다. 나도 그랬다. 그러나 이제는 그럴 때가 아니다.

노하우를 배운 가짜로는 세상을 바꿀 수 없다. 이제는 성경적 가치관을 가슴에 품고 몸부림치며 실천하는 진짜가 되어야 한다. 물이 넘쳐나는 홍수 때 마실 물을 찾기가 어렵듯, 이 시대는 생수를 찾고 있다. 목사와 성도, 모두 성공 노하우를 찾아다니는 구태를 벗어야 한다. 겸손히 말씀을 가슴에 담고, 어떤 환경에서도 그 가치관을 바꾸지 않으며 투쟁하는 진짜가 되어야 한다.

작은 교회 속에서 하늘부흥을 이루기 위해 힘쓰고 계신 하나님의 마음이 교회와 성도들에게 전달되길 바란다. 안식년에 나를 이 자리로 부르신 하나님의 절박함을 안다. 내 교회를 내려놓고 작은 교회와 사역자를 세워 하늘부흥을 이루라고 부르신 하나님의 마음을 이제야 조금 안다. 하나님은 지금 울고 계신다. 우리가 밥투정을 하고 있는 그 시간에 하나님은 당신의 몸인 성전이 놀림과 조롱을 당하는 현장에서 울고 계신다. 교회가 엉뚱한 곳으로 변해 가는데 어찌 우시지 않겠는가. 평생을 노력해서 얻은 내 집, 내 재산이 경매로 넘어가거나 사기꾼에게 빼앗긴다면 그 심정이 어떻겠는가?

한 해 동안에도 수없이 많은 교회가 문을 닫고, 교회에 출석하지 않는 가나안 성도가 백만이 넘는다는 이야기를 듣는다. 이런 현실 가운데 교회의 머리이신 주님이 어찌 눈물을 흘리지 않을 수 있을까. 교회와 성도들은 주님의 눈물을 보아야 한다. 눈물을 흘리며 하늘부흥을 위해 일하고 계시는 하나님의 마음에 동참해야 한다.

'교회가 그렇지!'하고 손을 놓으면 안 된다.
'이제는 그런 시대가 아니야!'하고 포기하면 안 된다.
'내 일도 벅차다'며 외면하면 안 된다.
교회끼리 경쟁이나 하고 있으면 큰일 난다.
'나 홀로'하고 교회를 떠나면 안 된다.

'내가' 할 수 있는 일은 무엇일지 적극적으로 찾아 나서야 한다. 반드시 하늘부흥이 일어나야 한다. 하나님이 간절히 원하고 계심을 잊지 말아야 한다. 하나님이 원하시는데 어찌 안 된다고 말할 수 있는가? 편 손가락이 남을 향할 게 아니라 그 손가락으로 나를 지목해야 한다. 하늘부흥을 꿈꾸며 자신이 할 일을 찾아 각자의 자리에서 일어서야 한다.

나는 변방목사입니다

아쉬움

좀 더 일찍 글을 썼으면 하는 아쉬움이 남는다. 글을 쓰면
서 나를 통해 이루시고자 했던 하나님의 마음을 정리할 수
있었다. 내게 주신 하나님의 마음과 라마나욧을 통해서 행하
신 소중한 하늘부흥의 역사를 필력(筆力)의 한계로 다 담지
못하고 제대로 표현하지 못해 죄송할 뿐이다.

감사

글을 쓰면서 많은 분들이 나를 위해 피 흘리는 헌신을 했
음을 깨달았다.

내 모든 것의 모태가 되신 어머니 곽말선 권사님께 진심

으로 감사를 드린다. 평생 어디에 내 놓을 수 없는 올무와 같은 짐을 지셨음에도 천국의 향취를 온 땅에 뿌리시며 그 은은한 향기를 아들의 가슴과 만나는 모든 이들에게 심어 준 그 사랑에 눈물로 감사드리며 이 책을 늘 그리운 사랑하고 존경하는 어머님께 바친다.

나의 사랑하는 아내 이보은 사모에게 진심을 담아 감사를 전한다. 자신의 피를 짜 나를 세워 주기 위해 오늘도 지긋지긋한 고생이란 단어를 품고 살고 있는 그 사랑을 어찌 글로 표현할 수 있으랴! 사랑하겠습니다. 여보. 그리고 사랑하는 아들과 딸에게 진심으로 감사를 전한다.

일찍 돌아가신 부모님의 빈 자리를 채워 준 나의 형님과 형수님 그리고 누님과 자형께도 깊은 감사를 드린다. 든든함으로 버팀목이 되어 주지 않았다면 변방목사로서의 이 삶을 결코 버티지 못하고 쓰러졌을 것인데 늘 북풍한설을 부모의 마음으로 막아 주는 버팀목이 되어 주심에 진심으로 감사를 드린다.

교회 개척 당시, 헌신해 준 고(故) 김근양 안수집사님의 귀한 사랑을 잊을 수 없다. 잊지 않고 있으며 진심으로 감사하다고 유족들에게 전하고 싶다.

선교회를 세울 수 있는 기초가 되신 조영욱 권사님께 감사드리고, 쿠웨이트의 김성길 장로님께 감사드린다. 평생의 동역자 박완건 집사님과 김두석 권사님께 감사드린다.

이 사역을 이끄신 이사장이신 윤민영 목사님께 감사를 드린다. 그리고 수고하고 헌신한 첫 자리의 멤버들 절대 잊을 수 없다. 김윤선 목사님 부부, 이미영 전도사님에게 감사를 드린다. 선교회의 모든 공사를 책임져 주신 황원택 목사님과 김기준 안수집사님께 진심으로 감사를 드린다. 선교회 차량을 기증하신 최영선 목사님과 2층 냉난방기를 섬기신 서영준 목사님께 감사드린다.

김홍일 목사님과 늘 수고와 헌신으로 라마나욧의 지킴이들이 되신 모든 팀장님들께 무한 감사드린다.

이 글의 편집을 도와주고 책을 쓸 수 있도록 시간을 낼 수 있도록 함께해 준 박종오 부대표와 이준일 행정목사 그리고 김창숙 기도사역자와 김철호 찬양단장에게 깊이 감사를 드린다.

사관학교 학생들과 선교회에 함께한 작은 교회 사역자들

에게 감사드린다.

끝으로 마지막 부족한 2%를 채우기 위해 온 열과 성을 다해 졸작을 명작으로 바꾸신 땡스기브 송수민 간사에게 깊은 감사를 드리며 책을 출판해 주신 예영커뮤니케이션의 원성삼 대표님과 그 직원분들께 감사를 드린다.

소중한 동역자 김종수 목사님께 감사드린다. 목회사관학교를 위해 그동안 헌신해 주신 모든 강사님들께 감사드린다. 이병삼 목사님, 김재술 목사님, 홍종학 목사님, 정연수 목사님, 이장균 목사님, 이헌 목사님, 임효주 목사님, 이순남 목사님, 심재영 목사님, 서성민 목사님, 김태경 교수님, 최준식 목사님 그 외에 많은 강사님께 깊은 감사를 드린다.

이 책의 첫 출발을 이끌어 준 평생의 동역자 고원종 집사님과 늘 함께해 주시는 염성필 감사님께 감사드립니다. 잊을 수 없고 큰 힘이 되어 주는 김선경 자매에게 깊은 감사를 드린다. 늘 옆에서 힘이 되어 준 이동희 목사님께 감사드린다. 이름을 밝힐 수 없지만 나를 위한 희생의 디딤돌이 된 분에게 깊이 감사드린다.

마지막으로 책이 나오기까지 강력한 코칭과 강권함으로

나는 변방목사입니다

책을 쓰게 하신 박사무엘 목사님에게 감사드린다.

지면의 한계 상 다 기록할 수 없음에 죄송할 뿐이다. 그러나 모두의 헌신을 가슴에 담고 있음을 기억해 주시기 바란다. 이름도 없이 빛도 없이 후원해 주시는 모든 분들에게 진심으로 감사를 드린다.

이렇게 많은 분들이 하늘부흥을 이루기 위해 하나님의 통로가 되어 일하셨기에 오늘도 하늘부흥은 일어날 수 있음을 믿는다.

소망

단 한 사람에게라도 이 책이 절망을 극복하고 포기를 떨쳐버리게 하는 데 도움이 되었으면 한다. 오늘 작은 교회를 심방하며 이 꿈을 더 확고하게 가지게 되었다. 이 책이 누군가의 손에 들려질 때 하나님께서 그들의 마음을 훔쳐 그분들을 통해서도 하늘부흥이 일어나기를 소망한다. 나아가 진정한 목사를 세우는 소중한 일에 더 많은 분들이 동참할 수 있기를 소망한다.

가장 큰 소망은 하늘부흥이 있음을 믿고 많은 사역자들이 진짜 목사로 담대히 일어나기를 간절히 기대한다. 이 모든 일에 항상 계셔서 큰일을 행하신 하나님께 모든 영광과 감사와 존귀를 올려 드린다.

하늘부흥을 꿈꾸는 변방목사 **박정제**